中国核工业集团有限公司
广州新华出版发行集团股份有限公司
联合荣誉出品

谨以此书

庆祝中国共产党成立100周年！

献给彭士禄院士和他革命英烈的一家！

献给为中国核事业创新发展的前辈及后来人！

号召广大党员干部特别是科技工作者，以英雄模范为榜样，更加紧密地团结在以习近平同志为核心的党中央周围，立足两个大局，心怀“国之大者”，勤于创造、勇于奋斗，乘风破浪、开拓进取，从党的百年奋斗历程中感悟信仰的力量，在新的伟大征程上书写新的奋斗史诗，以优异成绩庆祝中国共产党成立100周年。

——中共中央宣传部关于追授彭士禄同志“时代楷模”称号的决定（节选）

1989 年 9 月

在秦山核电建设工地上（张录摄影）

1990 年

参加秦山核电项目讨论会（张录摄影）

2013 年

彭士禄院士在北京住院期间

2015 年 9 月

彭士禄院士荣获中共中央、国务院、中央军委颁发的“中国人民抗日战争胜利 70 周年纪念章”

核潜艇陆上模式堆试验基地，感慨万千，就在基地旧址上激情创作了一幅画卷，反

出基地身影，毛主席的豪言壮语“中国人民有志气、有能力，一定要在不远的将来

名为核潜艇研制做出贡献的人们在画卷上签名。2008 年 5 月 18 日，彭士禄为该

。画卷成为中国核潜艇人永远的记忆。

序

我认识的彭士禄

葉選平

光阴荏苒如白驹过隙。转瞬，我与彭士禄同志相识80多载矣。少时一起玩耍，后又同在延安接受党的培养教育，共同投入研究并创建了广东大亚湾核电站。欣闻讲述彭士禄人生故事的《赤诚——彭士禄图传》即将付梓，幸福般感动、知己般尊重的欣喜之情油然而生……

1975年，彭士禄（右）与叶选平[1]在一起

① 叶选平，广东梅县人，叶剑英元帅之子。叶选平曾任中共第十二届中央候补委员，第十三、十四届中央委员。曾任中共广东省委副书记、广东省省长，中国人民政治协商会议第七、八、九届全国委员会副主席等职。

幸福般感动是因为虽然我们远隔千里，但两心永远相连，涓涓流水不因石而阻，真挚情谊不因远而疏；知己般尊重是因为我们的友谊不是一般，而是无论在任何时候任何情况下，我们都能做到知己般地推心置腹。

时下的中国，每天都在以精彩华章谱写中国梦的传奇。中国梦是中华民族的梦，也是每个中国人的梦。实现中国梦必须走中国道路，必须弘扬中国精神，必须凝聚中国力量。《赤诚——彭士禄图传》一书，正是中国人凝聚正能量的难得的精神食粮。

彭士禄是中国农民革命运动领袖彭湃的优秀儿子，是革命烈士留下的一棵根苗，是革命的星星火种。他的父母双亲为了革命事业献出了自己年轻宝贵的生命。彭湃烈士矢志不移奋斗终生的理想和信念，给彭士禄留下了无与伦比的精神财富。百姓们为保护小士禄，悄悄地把他从一家转移到另一家，用生命和鲜血保护了他。所以彭士禄总是说，他是老百姓花了很大代价才保护下来的呀！他对人民永远感恩。他无论怎样努力，都感到不足以回报老百姓待他的恩情……这是他一生都在燃烧自己、奉献自己的力量源泉。

我比彭士禄年长一岁，所以，他永远是我的小老弟。

在我的印象中，彭士禄永远是爽直乐观又沉默寡言、腼腆内向的。在与他几十年的友谊中，我感到他身上燃烧着一团火，这团火，是那样的炽烈，那样的熊熊不息！

我和他先后到达了延安。也许因为他经历过太多的苦难，到延安时，他显得很成熟。在延安，我们都穿上了灰军衣，成了一名小战士。记得刚到延安中学读书时，彭士禄学习很吃力，因为他过去只读过两年书，上课都听不懂。但他这个人有个倔脾气，不学则已，学，就一定要学好！他的数学基础差，但是他刻苦努力，终于在期末考试时获得了“优秀”的评语。当年背的三角公式至今还清晰地印在他的脑海中。彭士禄有个“打破砂锅问到底”的习惯， 遇事总要问个为什么，理解以后再记忆，弄不懂绝不囫囵吞枣。对一个问题，他常常举一反三、反复思考、反复演算、反复验证。后来，他在科研工作中，运用脑海中储存的知识，推导出无数的数学公式，这些基础都是在延安中学打下的。

我和他在工作上的关系是在广东大亚湾核电站的建设中建立的。我在任广东省副省长时主管这项工作，彭士禄提出了投资、进度、质量三大控制理论及具体措施，提出了核电站建设的时间价值观念，写了《关于广东核电站经济效益的汇报提纲》，计算了核电站的主参数及经济指标，为大亚湾核电站的上马打下了良好基础。他的名言是："不怕别人怎么说，在别人的议论中走自己认为正确的路。"后来很多事情证明他是正确的。如果不是当年前期工程上得快，建设工地已经铺开，大亚湾核电站建设就不知道是否会受随后国际社会反核的强烈声音的影响，被推迟到何年了。

彭士禄常说他一辈子只做了两件事：一是造核潜艇，二是建核电站。

作为中国核潜艇第一任总设计师，他被赞誉为"中国核潜艇之父""中国的里科弗"。对于这些赞誉，他坚决不同意。他经常说的一句话是："作为共产

1975年，彭士禄（左一）与叶选平夫妇（中间），在北京船舶七院将军楼阳台上合影

彭士禄（中）与叶选平（右）、叶选宁（左）在一起

党员，国家交给我的任务只有尽全力把它做好，没什么‘之父’之说。我充其量就是核潜艇上的一枚螺丝钉。”

由于他的性格，人们都叫他“彭大胆”“彭拍板”。因为他心中都有数，他有数据，没有精确的数据把握他绝对不拍板。“干事业就要有点冒险精神，只要三七开，有百分之七十的把握就可以干，不然等什么条件都齐备、没困难、没问题了还要你去干什么！不干怎么能冲破旧的，创造新的？”这是他的经典格言。

现时，随着社会之发展，不可回避之无形无意间，或将丢失一些善良无私等崇高品质，但《赤诚——彭士禄图传》会把你带入一种全新的精神境界。洁白无瑕的灵魂，永远燃烧的热情，将会让生命变得更加充实、更加美好，使人领略真正意义上的幸福。

是以为序。

引言

干惊天动地事
做隐姓埋名人

2017 年 8 月 29 日下午，传来了一个振奋人心的消息：彭士禄，以全票通过的罕见成绩，荣获了 2017 年度何梁何利基金最高奖“科学与技术成就奖”！这一奖项授予了为中国科技事业做出杰出贡献的科学家彭士禄院士，许许多多曾与他一起工作战斗过的人都激动不已。当彭士禄女儿问他此笔奖金 100 万元港币该如何处理时，他立马说了两个“不要”：一是不要奖金，把它捐给组织，设立人才奖励基金；二是不要以他的名字命名奖励基金。彭老说：“此项荣誉和成绩不只属于我个人，它更属于核潜艇人，属于核电人，属于核事业人。核潜艇的研制成功，是全体参研人员共同奋斗、艰苦拼搏、默默无闻、无私奉献的结果，是集体智慧的结晶。这个群体才是‘干惊天动地事，做隐姓埋名人’的民族英雄，是共和国的脊梁！所以，这笔奖金应该奖励那些为核动力事业做出重要贡献的高精尖人才……”

这就是彭士禄院士，本部图传的主人公，一位集老革命、大科学家、高级领导干部于一身的传奇人物。

他是——革命英烈彭湃的优秀儿子！

他是——中国核潜艇第一任总设计师！

他是——首批当选的中国工程院院士！

他是——中国著名的核动力科学家！

他是——中国核动力事业的开拓者和奠基人之一！

他一生淡泊名利，高风亮节，面对纯朴善良的老百姓，始终深深地抱有一种难以割舍的独特情怀。

彭士禄，4 岁成为孤儿，8 岁被捕入狱，姓百家姓，穿百家衣，吃百家饭长大；他 14 岁参加革命，是东江纵队的小游击战士，是“世界核潜艇之父”里科弗访华时想见而未能如愿的中国核潜艇的“真神”。

彭士禄属牛，是核动力道路上的一头垦荒牛。

他说，他一生只做了两件事：一是造核潜艇，二是建核电站。

他的内心永远深怀着一颗感恩的心：感谢党的培养，感谢老百姓的养育。他说，他就是工作一辈子、几辈子都还不完这个恩情。

90 多年前，彭士禄的父亲彭湃以“愿消天下苍生苦”“千家兴、万家好”为精神依归，以为大多数人谋利益作为终生理想，为了贫苦农民阶级的解放，他坚决背弃自己的阶级，烧掉自家的田契，把自家的土地分给农民，使自己成为一名真正的无产者。这一旷世之举感动并唤醒了农村劳苦大众，点燃了现代农民革命运动的星星之火，使之燎遍中国大地，成为中国革命特有的、毛泽东同志总结并领导全党取得胜利的“农村包围城市”的前奏。

今日的彭士禄从烈士遗孤到杰出的中国核动力科学家，到捐献全部巨额奖金，历经风霜雨雪，践行“感恩、立志、报国、敬业、无私、奉献”理想信念，他坚韧不拔、勇攀高峰，铮铮铁骨绽花开，顶天立地迎彩霞。

两代杰出的共产党人，中国人民的优秀儿子，对党对祖国对人民无限赤诚，用他们的实际行动完美地诠释了什么叫“不忘初心、牢记使命”。

在中国共产党成立 98 周年之际，我们去探望这位 94 岁老人的时候，他内心挂念和不断重复的三句话是：

祝愿伟大祖国早日拥有更加强大的核潜艇！

祝愿伟大祖国早日成为核电强国！

祝愿伟大祖国早日圆了老百姓过上幸福美好生活的中国梦！

“不要人夸颜色好，只留清气满乾坤。”这两句诗赞诵墨梅不慕虚名、绽放清芬的品格，彰显的就是彭湃先烈和彭士禄院士这对杰出父子的崇高精神和高尚的人格魅力。

2021年3月22日，彭士禄院士永远离开了我们！

浩瀚海洋翻腾起的朵朵浪花，诠释着他如核潜艇般深潜的一生。从烈士遗孤到中国核动力事业的奠基人，他终生坚守共产党人的信仰；自此，他将带着无数中国核动力事业的闪耀印记，驶向海洋更深处，澎湃不息！

彭士禄在彭湃铜像前留影

1983 年，彭士禄夫妇（后排）与聂荣臻夫妇

王震（左一）与彭士禄（右一）亲切握手

彭士禄夫妇（左一、二）与叶选平夫妇

彭士禄夫妇与王淦昌先生（中）

彭士禄（右一）与柯麟夫妇和他们的儿子柯小刚（左一）

彭士禄夫妇与黄鼎臣先生（中）

彭士禄夫妇与彭泽民夫人翁会巧（中）

彭士禄夫妇拜访钟敬文老先生（左一）

1963年原子能所首次学术委员会第一次会议合影

第一排左起：王淦昌、李毅、柳大纲、邓照明、钱三强、李四光、吴有训、叶企孙、饶毓泰、周培源、施汝为、赵忠尧

第二排左起：刘书林、戴传曾、朱培基、肖健、忻贤杰、张家骅、吴姬廉、何泽慧、力一、彭桓武、梅镇岳、汪家鼎、徐光宪、汪德熙、刘静宜、汪敏熙、彭士禄

第三排左起：宋少章、连培生、王承书、吴乾章、李德平、周光召、李林、黄祖洽、杨承宗、丁渝、关肇直、曹本熹、吴征恺、张沛霖、朱洪元

第四排左起：李寿坍、谢曦、苏振芳、蒋本沂、朱光亚、陆祖荫、屈自潜、钱皋韵、郑林生、胡济民、陈国珍、于敏、陈为敬、金星南、范玉庭

（中国原子能科学研究院提供）

目录

001 彭士禄自述

005 第一章 革命英烈铸忠魂

彭湃是一个生死于理想的共产党人。他靠理想活着、工作着，最后也为理想欣然而去。在他的生活中，理想是精魂，是主宰。而理想本身也因他的忠诚和毅力，更显出光辉，更增加重量，更具吸引人的魅力。

彭湃一家共有六位亲人为中国革命事业献出了自己年轻而宝贵的生命。

045 第二章 饮水思源话恩情

在父母牺牲后，敌人到处搜捕幼小的彭士禄。为了躲避国民党的“斩草除根”，当地贫苦百姓冒着生命危险把这棵烈士留下的根苗，从一家转移到另一家，用鲜血和生命护卫着他、养育着他。童年的小士禄穿百家衣，吃百家饭，姓百家姓。凄悲的童年生活，让他不停地变换着角色：“小孤儿”“小囚犯”“小乞丐”“小游击战士”……也就是从那个时候起，对老百姓的感恩之心在小士禄的心底生根发芽。在延安，学业、劳动、工作全优的彭士禄被评为模范护士、模范学生，他的事迹被登上了延安的《解放日报》，他光荣地加入了中国共产党。

075 第三章 留苏结缘核动力

1951 年，彭士禄因成绩优异获得赴苏联留学机会，先后进入喀山化工学院和莫斯科化工机械学院化工系学习。在他毕业之际，正在苏联访问的时任国防部副部长陈赓将他召到大使馆，告诉他，中央决定选一批留学生改行学习原子能核动力专业，并问他：“你愿意改行吗？”彭士禄坚定地回答：“当然愿意，只要祖国需要。”

097 第四章 砥砺研制核潜艇

核潜艇，是 20 世纪 50 年代中期出现的最为先进的水下武器，是国家展示海洋军事力量的秘密“杀手锏”。因此，只有拥有核潜艇，特别是拥有弹道导弹核潜艇的国家，才称得上是具备战略核反击能力的国家。

中华人民共和国成立初期，在一穷二白的情况下，核潜艇工程第二次上马后，我国依靠自己的力量，只用了短短 6 年时间，就奇迹般地造出了自己的核潜艇，成为继美、苏、英、法后第五个拥有核潜艇的国家。这项辉煌的成就，极大地振奋了国人，震惊了世界！

153 第五章 锐意垦荒拓核电

核电是一种经济、安全、可靠、清洁的新能源。在我国第一颗原子弹、氢弹爆炸成功，潜艇核动力装置即将启动之时，我国建设核电站的设想也被提上了议事日程。

彭士禄凭其行业翘楚、领域扛鼎的威望及其高尚的人格魅力，感召 140 名工程师，组成担起中国“核电起步”重任的“国家队”，为中国核电事业的开拓奠基和发展做出了杰出贡献。

199 第六章 碧血丹心傲苍穹

在彭士禄充满传奇的人生中，他的社会角色是多彩多样的：小游击战士、模范护士、模范学生、优秀留学生、翻译专家、副院长、副部长、总设计师、董事长、院士、核动力科学家等。而每个角色他都演绎得尽心尽力、尽善尽美。

彭士禄，这位置身于中国核事业顶峰的重要人物，功勋卓著的杰出科学家，对自己的成就却只字不提，总是忘情地讲述着自己的童年，讲述党和老百姓的养育之恩。

他倾尽全力来回报党和人民，一辈子一生情，碧血丹心傲苍穹。

233 第七章 继往开来谱新篇

为了继承和发扬彭士禄院士不断开拓创新、勇于攀登科技高峰的爱国主义精神，为了鼓励广大科技工作者为核动力创新进步多做贡献，中核集团设立了“彭士禄核动力创新奖”。

今天，中国核工业发展进入新时代，新一代核工业人将不忘初心、牢记使命，在核动力技术领域攻坚克难，不负韶华，勇攀高峰，在核电市场奏响新篇章，为实现强国强核的宏伟目标，为早日实现中华民族伟大复兴的中国梦再立新功，再创辉煌！

245 中共中央宣传部关于追授彭士禄同志“时代楷模”称号的决定
246 彭士禄经典格言
247 彭士禄年表
265 主要奖励和荣誉
266 曾担任的主要职务
267 后 记

彭士禄内心永远深怀着一颗感恩的心。

他说，他就是工作一辈子、几辈子都还不完这个恩情。

回顾自己的一生，彭士禄这样写道：“如活着能热爱祖国，忠于祖国，为祖国的富强而献身，足矣。”

彭士禄自述

一生已过了94个年头，留学苏联回国后与核动力打交道也有60多个年头了。几点感触如下：

其一，一家与百家。我3岁时母亲牺牲，4岁时父亲就义。奶妈背着我东逃西藏。后来，我被转移到潮州一带，开始过着姓百家姓的生活。我有20多个“爸”“妈”，他们都是贫苦善良的农民，对我特别厚爱。平时他们吃不饱，我吃得饱；逢年过节难得有点鱼肉，我吃肉，他们啃骨头。最后，我住在红军哥哥陈永俊家，我和他母亲（我叫她“姑妈”），还有姐姐，相依为命，过着贫寒的生活。1933年农历七月十五日晨，由于叛徒出卖，我和姑妈被捕，8岁的我成了小囚犯，被关进潮安县监狱女牢房。在女牢里，我又见到曾经抚养过我的“山顶阿妈”，她是先被捕的。真有幸，竟有两位妈妈护着我坐牢，生怕我受饥寒。姑妈是那么的善良，忍受着残酷审讯的痛苦，宁把牢底坐穿，也不供认我是彭湃的儿子。多么伟大的母性啊！男女牢房几百位难友见我衣衫破烂，共同凑钱给我做了一套新衣裳，我穿上了百家衣。几个月后，我哭别了两位母亲，被单独押至汕头石炮台监狱，后又转押到广州感化院监狱受“感化”一年。这下可真苦了我，差点病死在狱中。

坐了两年多牢，算是没有“造反”，属“不规良民”，被放了出来。寻路回到姑妈家，姐姐不见了，姑妈仍坐牢，只好跟“婶娘”乞讨度日，当了小乞丐。由于坐牢时我是年纪最小的囚徒，才8岁，引人注目，而且国民党报纸和书刊大登“共匪彭湃之子被我第九师捕获”，所以“出了名”。祖母知道了我的下落，1936年夏把我带回香港。12岁了，才开始读书，勤奋之状就不用说了。

由于在香港受到轰轰烈烈的抗日救亡运动的影响，我心里痒痒的，横了一条心，毅然与堂弟偷偷逃离香港，奔向惠阳平山，参加抗日游击队，以图救国、救家、救百姓。1940年底，我被送抵革命圣地延安，喜悦的心情难以言喻。我和“百家姓”的小朋友们、同志们同学习、同劳动、同工作。日子是艰苦的，一切都得自力更生：开荒、种地、纺线、做鞋袜、缝衣服被褥……生活是愉快的，无忧无虑；学习是勤奋的，争分夺秒。前方抗日战士流血牺牲，后方的一切非拼搏不可。

坎坷的童年经历，磨炼了我不怕困难艰险的性格。几十位“母亲”给我的爱抚，感染了我，激发了我热爱百姓的本能。父母亲把家产无私分配给了农民，直至不惜献出生命的大无畏精神，给了我要为人民、为祖国奉献一切的热血。延安圣地培育了我自力更生、艰苦拼搏、直率坦诚的性格。总之，我虽姓彭，但心中永远姓百家姓。

其二，主义与精神。我坚信共产主义必胜无疑，作为共产党员，我将为之奋斗终生！也许因是属牛的吧，我非常敬仰“孺子牛”的倔强精神，不做则已，一做到底。如活着能热爱祖国，忠于祖国，为祖国的富强而献身，足矣；群体团结，是合力，至关重要，最怕“窝里斗”，分力抵消，越使劲越糟糕，最后变成负力，悲矣！尽自己的力气去做正功，没有白活。由于历史的原因，我有幸参加了我国核潜艇研制的全过程。时值“文化大革命”，“老虎”都被赶下山了，只好“猴子”称王，我也被抬上总师的“宝座”。为了实现毛泽东主席“核潜艇，一万年也要搞出来”的雄伟决心，我们这批“臭老九”既闹“文革”，又忙核潜艇。我们的国家应该有自己中国品牌的核潜艇！在国外核潜艇资料严密封锁的情况下，在乱哄哄中，我们这一群体硬着头皮，用一股犟劲，用六年时间硬是把它搞了出来，真是奇迹！靠的是什么？除了中央的决心和领导的支持外，靠的是共产主义的爱国之心、群体的智慧和合力、一股倔强精神。我深深感到“老九”们的可爱，群体的可爱。在这一宏伟工程中，我和他们一样，尽职尽责，做添砖加瓦的工作。

其三，明白与糊涂。凡工程技术大事必须做到清清楚楚，明明白白，心中有数，一点儿也不能马虎。但人总不完美，对事物总有几分模糊。这时就要不耻下问，调查研究，收集信息，通过试验等来搞清楚。例如：为了建立反应堆物理的计算公式，在20世纪60年代只有手摇计算器和计算尺的情况下，科研人员夜以继日地计算了十几万个数据，确立了自己的计算公式，但仍没有把握保证反应堆在常态下能安全受控。因理论值与实际值还有一定的差值，我们被迫做了 1:1 零功率试验，发现了误差，修正了公式，补添了近一倍的可燃物质棒，保证了反应堆在常温下安全可控，从而把反应堆的脾气摸得清清楚楚，明明白白。做一个明白人谈何容易？他要有超前意识，对问题有新思路、新见解；对工程技术能亲自计算主要技术经济数据；对工程进度能说出某年某月应办哪几件关键事；对技术攻关能亲自挂帅出征，出主意，给点子……但当一个糊涂人则更难，难得糊涂。凡对私事，诸如名利、晋升、提级、涨工资、授奖等，越糊涂越好。记住：为公明白，为私糊涂，以此自勉。

其四，拍板与改错。我有幸被誉为“彭拍板”。凡事有七分把握就“拍”了，余下三分通过实践去解决。这属本性难移，急性子。科研人员最珍惜时间，时间是生命，是效益，是财富。有些问题只有赶快定下来，通过实践再看看，错了就改，改得越快越好，这比无休止的争论要高效得多。拍错板之例，如高温高压全密封主泵。该泵原采用垫片密封，出厂试验时不漏，装到艇上时，时漏时不漏。经过讨论，拍板改为“O”形环密封，结果一样。最后查阅了螺栓的设计强度，还有余量，又加大了预紧力，这样问题就解决了。说明了两个方案都可用，恢复了垫片密封方案。体会：不怕拍板，不怕拍错板，因为拍错板可以改；最怕不拍板。

遗憾之事。一生最大遗憾之事就是“夫人”太多，共有三个。第一“夫人”是核动力，第二“夫人”是烟酒茶，第三“夫人”是小玛莎。小玛莎不甘心当第三，“造反”了，非晋升不可。为了和睦，只好升为第二，才算平息。来世能否当第一夫人，很难说。现如今，老朽已木讷，但有三个心愿：一是盼望祖国早日拥有更加强大的核潜艇力量，二是盼望祖国早日成为核电强国，三是盼望祖国早日实现中华民族的伟大复兴，早日圆了老百姓过上幸福生活的中国梦！

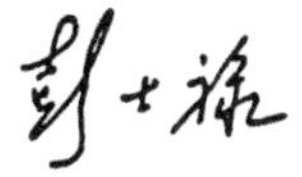

初写于一九九六年

修改于二〇一九年

彭湃是一个生死于理想的共产党人。他靠理想活着、工作着，最后也为理想欣然而去。在他的生活中，理想是精魂，是主宰。而理想本身也因他的忠诚和毅力，更显出光辉，更增加重量，更具吸引人的魅力。

彭湃一家共有六位亲人为中国革命事业献出了自己年轻而宝贵的生命。

第一章

革命英烈铸忠魂

出身豪门

1896年10月22日，彭湃出生于广东省海丰县海城镇的一个大地主家庭，他原名汉育，乳名天泉，彭湃是他到日本留学后改的名字。这位风度翩翩、英俊潇洒的青年才俊，家里还特别有钱，是当时20世纪20年代广东海丰地区最大的地主。他们家鼎盛时期收租稻谷几千余石，拥有瓦铺40余间，从海丰桥头走过一条古老的街道，两旁的店铺都是他们家的，那一大片的房子也是他们家的。因而，他们家有“鸦飞不过的田产”之称，就是乌鸦飞了一天都没有飞出他们家的地界。

彭湃相貌这么帅气、家庭又这么富有，用现在的话说，就是典型

的“高富帅”啊！而就是这位“高富帅”却视金钱如粪土，他以“愿消天下苍生苦”“千家兴、万家好”为精神依归，以为大多数人谋利益作为终生理想，为了贫苦农民阶级的解放，他坚决背弃自己的阶级，他烧毁了田契，把自家的土地分给农民，将自己的财富无私地送给老百姓。他脱下长衫与洋装，换上破旧的衣服，深入贫苦农民群众之中，发动和组织农民进行革命……他是一个生死于理想的共产党人。他靠理想活着、工作着，最后也为理想欣然而去。为了实现理想和信仰，为了追求社会的公平与正义，为了中华民族的复兴，他献出了自己还不足 33 岁的宝贵生命。

彭湃被毛泽东主席称赞为“中国农民运动大王”！瞿秋白赞扬“彭湃同志是中国农民运动第一个战士”！彭湃在中国革命的历史上、在我党的发展史以及在我军的创建史上，都做出了极其重要的贡献。

中国第一个县级苏维埃政权诞生地——广东海丰红宫红场

革命理想

在广东省海丰县有一条古老的街道，这条建成于19世纪的古驿道，是当时连通海丰与广州的重要通道。驿道两旁林立着拥有百年历史的潮汕风格的店铺，见证了这里自古以来的热闹与喧嚣。90多年前，在人们的欢呼声中，这里的楼房被刷成了红色，一个苏维埃政权，一块红色革命根据地在此建立。

磊落奇才唱大同，龙津水浅借潜龙。

愿消天下苍生苦，尽入尧云舜日中。

就在海丰老街的大榕树下，这首诗的创作者，26岁的青年彭湃，穿着从长工那里借来的破旧短褂，怀抱着德国产最新式的留声机，给农民宣传他不懈追求的信仰。

在大榕树下，彭湃给农民宣讲革命道理

彭湃生于富有的家庭，为什么不去过养尊处优的日子，却将自家的田契烧毁，将田地分给农民，成为彻底的无产阶级革命者呢？

这和他的家庭背景，特别是母亲对他的教育和影响有很大关系。

彭湃的生母周凤

1917 年 6 月，彭湃怀着寻求救国救民的真理、振兴中华民族的伟大抱负，东渡日本求学。

在日本，彭湃以优异成绩考入早稻田大学政治经济科。他在日本早稻田大学的图书馆里，读到了《共产党宣言》。几经寻求，他选定马克思主义作为自己奋斗终生的信仰，立志变革中国社会……革命的理想犹

20 世纪 20 年代，彭湃居住的白色小洋楼

如一种强大的磁场，深深地吸引他为之奋斗、奉献。

1921 年 5 月，彭湃于日本早稻田大学毕业。他回到广州不久便加入了中国社会主义青年团。

留学归来的彭湃，穿着白色的西服，住在彭家老宅旁边新建的白色小洋楼里，小洋楼十分引人注目。

广东海丰有名的八景之一“龙津渔唱”（林炳溪摄）

在彭湃居住的白色小洋楼前不远处，丰盈的龙津河水静静流淌着。傍晚，在夕阳的映照下，远航归来的渔舟轻轻划过水面，婉转的渔歌在晚风中袅袅飘荡——这就是海丰有名的八景之一“龙津渔唱”。

每当彭湃踱出白色的洋楼，伫立岸边观赏这美丽的风景时，龙津桥上、龙津河边的行人都不看“龙津渔唱”了。他们将目光投向了这位玉树临风、翩翩儒雅的青年身上，心里充满羡叹：彭家的千里驹回来了，彭家更要发了，更要发了！

彭士禄夫妇在彭湃烈士故居白色小洋楼前留影

1921年10月，彭湃正式就任海丰劝学所所长（后改称为教育局局长）之职。任内，他整顿教育行政机构，调整人事；发展农村教育，增办女子学校；开辟教育经费来源，改善教师生活待遇；革新教材内容；提倡体育运动。

1922年3月，彭湃到广州参加了广东社会主义青年团成立大会。不久，海丰也建立了社会主义青年团组织，对外名称是学术研究会，彭湃是主要骨干之一。

广东海丰社会主义青年团旧址

1922 年 6 月，彭湃从事农民运动时留影

1922 年 5 月，彭湃脱下西装，改成农民的打扮，一个村庄一个村庄地去找农民谈心。他还带着留声机在农民进城的路口，先放留声机吸引行人，等农民们聚集多了，就向他们演讲“种田亏本”是因为地主剥削农民的道理，启发他们团结起来进行斗争。

六人农会雕像（右三为彭湃）

精诚所至，金石为开。终于，在1922年7月29日晚上，5位农民走进了彭湃的住所，成立了著名的六人农会。

农民受压榨图

彭湃深入农民当中，耐心细致地动员农民组织起来，参加农会，并团结农民，对乡村的封建势力、封建剥削制度开展一系列的斗争，发展壮大了农会组织，使农会会员发展到500多人，分布在赤山约的28个乡。

1922年10月25日，赤山约农会成立，彭湃草拟了组织章程，主张“不劳动，不得食，宜同心，宜协力”。

赤山约农会旧址

彭湃办农会时劳动的地方

为了促进农会工作的发展，彭湃绘制了一幅示意图，配合宣传，详细分析农民受地主、土豪劣绅、军阀买办、恶霸等层层压榨的根本原因。

1923年11月的一天，彭湃用一种最直接、最直达肺腑的方式，冲破了一个富家子弟与农民兄弟之间的隔膜。就在海丰老街那棵大榕树下，彭湃慷慨激昂地向农民兄弟们讲述为什么种田亏本、为何不合理的剥削制度应该彻底废除的革命道理。说罢，他抽出一张田契，大声宣读了佃户姓名和亩数，然后擦亮一根火柴，伸到那张田契下面。

田契一张张被烧毁，佃户一个个都哭了。这些庄稼人用粗糙的手擦抹着从不轻弹的泪水，欣喜中掺和着压抑已久的悲怆。彭湃就是这样将自己家的一箱子田契铺约一张张烧毁，在烈火中闪耀的，是与传统剥削和压迫制度决裂，动员农民起来革命的信仰之光。

彭湃英俊的面庞在火光的映照下显得无比圣洁，他是中国历史上第一个烧契分田的人。他悲天悯人的情怀，他无私无畏、敢为人先的胆识，他冰清玉洁的人格，在这火光的照耀下，昭示天地，辉耀寰宇。

彭湃烧田契雕塑

海丰县总农会旧址（现海丰县染织厂）

彭湃烧田契的革命行动迅速传遍了海陆丰大地。在彭湃及其战友们的努力奋斗下，农会迅速地由赤山约扩展到平岗、银溪、河口、公平、旧圩、守望等十余约。

1923年元旦，海丰县总农会成立。这是中国现代史上第一个会员达2万户，人口约10万的县农会。彭湃当选为总农会会长。

1924年9月，一艘法国海轮抵达广州，周恩来同志奉党的指示回到祖国。前去码头迎接周恩来同志的正是彭湃。两位神交已久的战友终于见面了，这一年，周恩来26岁，彭湃稍长，28岁。共同的革命理想和对真理的追求，使他们结下了深厚的情谊，更有说不尽、道不完的话。

1924年9月，东征时的周恩来（广东省海丰县彭湃烈士纪念馆提供）

彭湃向周恩来介绍海陆丰农民运动，以及农民运动讲习所的情况，周恩来赞不绝口；周恩来也向彭湃介绍法国的政治、经济和工人运动的情况。他们常常彻夜长谈。两颗最无私的心灵撞击出灿烂的火花，诞生了世界上最纯洁真挚的友谊。

海丰咸茶

1925年2月，周恩来率黄埔军校学生军东征，两次到达海丰，并把指挥所设在彭湃家的白色小洋楼里。彭湃的母亲周凤腾出家中正厅给周恩来等人住宿。周恩来诚挚地对周凤说："我与阿湃是兄弟、同志，我应称您为母亲，您叫我恩来吧。"周凤热情地给他们端上咸茶解渴。彭湃对周恩来说："你从法国回来，我们同住广州文明路时，我说过有机会到我家乡吃咸茶，就是用芝麻、花生、炒米泡上茶水的就叫'咸茶'。"周恩来喝了一口说："味道真是美极了，怪不得远近闻名。"

1925年3月1日，海丰各界3万多人举行东征军大会，周恩来和彭湃同台发表了热情洋溢的讲话。

东征中的周恩来（前排右一）与彭湃（前排右二）（广东省海丰县彭湃烈士纪念馆提供）

创建中国第一个县级苏维埃政权

1924年春，彭湃提议创办广州农民运动讲习所，并担任第一、五届农讲所主任，培养了一大批农民运动骨干，成为中国共产党培养革命干部的一个创举，为中国革命做出了重大贡献，产生了深远的影响。

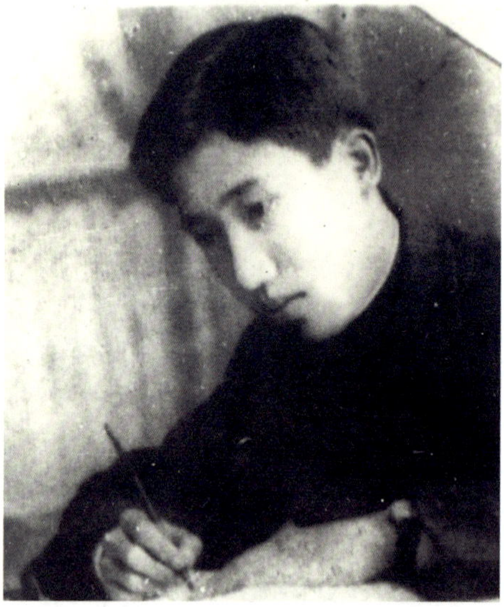

彭湃革命工作照

1927年11月，由彭湃领导的农民武装起义创建了海陆丰革命根据地，在全国最早打出苏维埃的旗帜，建立了全国最早的县级苏维埃政权。当时的中央机关刊物《布尔什维克》中指出："广东的海陆丰，此次的伟大而普遍的农民暴动……建设了工农兵苏维埃的政权，实开中国革命史上光荣的伟大革命前途的新纪元。""算是中国破天荒第一次的苏维埃。"

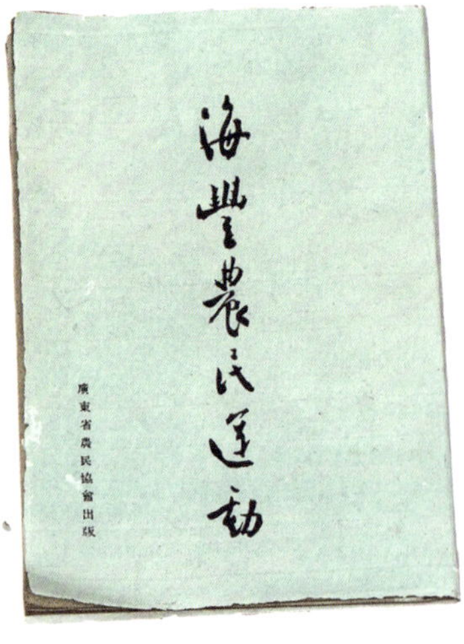

周恩来题写书名《海丰农民运动》

经过数年的实践和理论总

1925 年广州农讲所旧址

结，彭湃撰写了《海丰农民运动》，周恩来为该书题写书名。毛泽东将彭湃撰写的这本书列入《农民问题丛刊》中，并指出“《海丰农民运动》乃本书最精粹部分”“它给了我们做农民运动的方法”“它又使我们懂得中国农民运动的性质”。毛泽东称彭湃为“中国农民运动大王”，认为“全中国各地都必须办到像海丰这个样子，才可以算得革命的胜利”。中国共产党领导人之一瞿秋白说：“《海丰农民运动》是中国农民运动第一本最有价值的著作。”“彭湃同志是中国农民运动第一个战士！”

1925 年在广州农讲所的彭湃同志

血雨腥风

1929年8月24日，彭湃在上海市新闻路613弄12号二楼主持召开重要会议时，因叛徒白鑫向敌人告密，遭到与国民党反动派勾结的帝国主义租界工部局巡捕逮捕。

彭湃同志被捕处（上海新闻路613弄12号）

彭湃等人被捕的当天晚上，在上海主持中共中央军委和中央组织部工作的周恩来，立即召开紧急会议设法营救。当得知8月28日彭湃等将被转押警备司令部时，周恩来立即组织力量营救，在半路截击敌人的囚车，但因故未获成功。

被捕后，灭绝人性的敌人对彭湃施以酷刑，彭湃视死如归，他在生命的最后时刻，给党中央写了最后一封信：

冠生（周恩来的代号）暨家中老小：

我等此次被白害，已是无法挽救。张、梦、孟都公开承认，并尽力扩大宣传。他们底下的丘及同狱的人，大表同情。尤是丘等听我们话之后，竟大叹气而捶胸者。我们在此精神很好，兄弟们不要因为弟等牺牲而伤心。望保重身体为要！……

彭湃还在牢房的墙壁上画了一条飞翔的苍龙，乐观地对难友说：“我快要上天了！”又将身上的衣服脱下来赠送给难友，并慷慨激昂地向难友和押送的士兵做了最后的演说。

1929年8月30日，上海龙华警备司令部笼罩在一片血雨腥风的气氛中。时任中共中央政治局委员、中共中央农委书记、中央军委委员兼江苏省军委书记彭湃，高唱着《国际歌》，高声地呼喊着：“打倒帝国主义！”“打倒汉奸卖国贼蒋介石！”“中国苏维埃万岁！”“中国共产党万岁！”……迈着沉重却无比坚定的步伐走向了刑场。

为了实现理想和信仰，为了追求社会的公平与正义，为了中华民族的伟大复兴，彭湃献出了自己还不足33岁的宝贵生命。

彭湃在牢房的墙壁上画了一条飞翔的苍龙，并乐观地对难友说：“我快要上天了！”（杨学军插画）

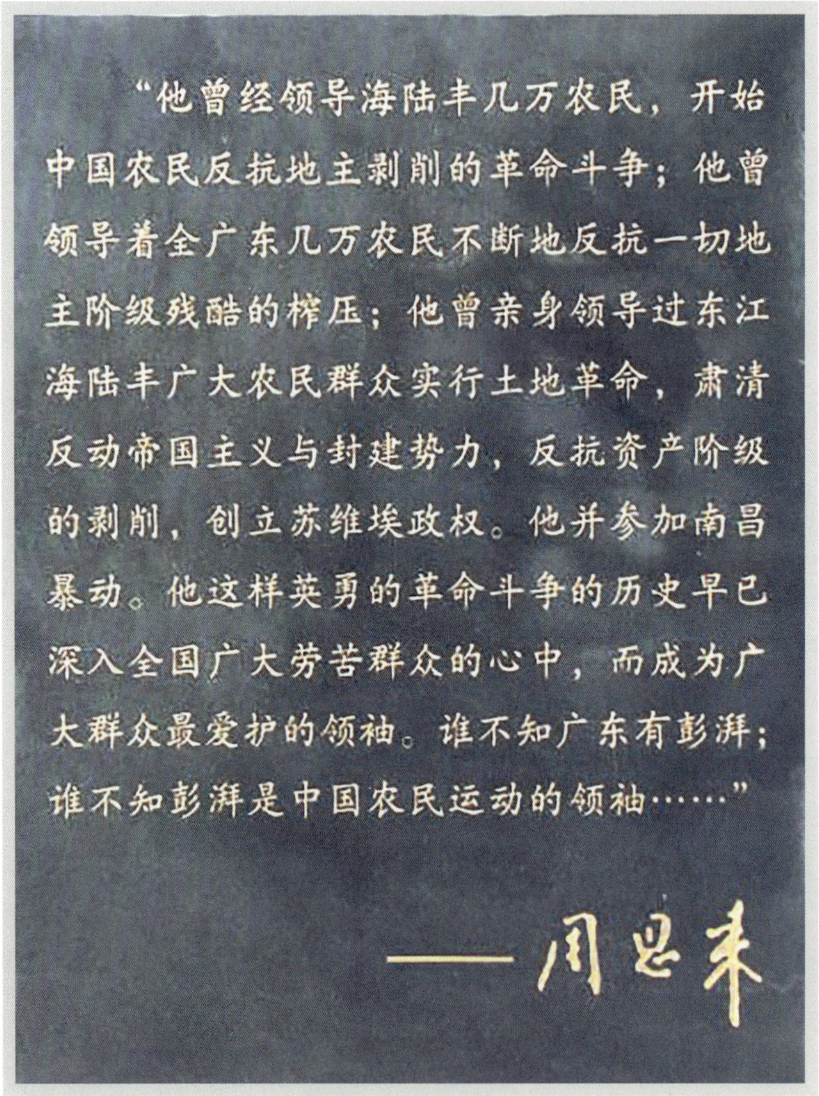

《中国共产党反对国民党屠杀工农领袖宣言》纪念碑

彭湃被害的噩耗传来，时任中共中央军委书记周恩来无比悲痛，他立即代表党中央，连夜起草了《中国共产党反对国民党屠杀工农领袖宣言》（以下简称《宣言》），愤怒声讨国民党反动派屠杀彭湃等革命领袖的滔天罪行。他一边流泪一边起草，从不轻弹的男儿之泪浸透字里行间。《宣言》指出："他曾经领导海陆丰几万农民，开始中国农民反抗地主剥削的革命斗争；他曾领导着全广东几万农民不断地反抗一切地主阶级残酷的榨压；他曾亲身领导过东江海陆丰广大农民群众实行土地革命，肃清反动帝国主义与封建势力，反抗资产阶级的剥削，创立苏维埃政权。他并参加南昌暴动。他这样英勇的革命斗争的历史早已深入全国广大劳苦群众的心中，而成为广大群众最爱护的领袖。谁不知广东有彭湃；谁不知彭湃是中国农民运动的领袖……"

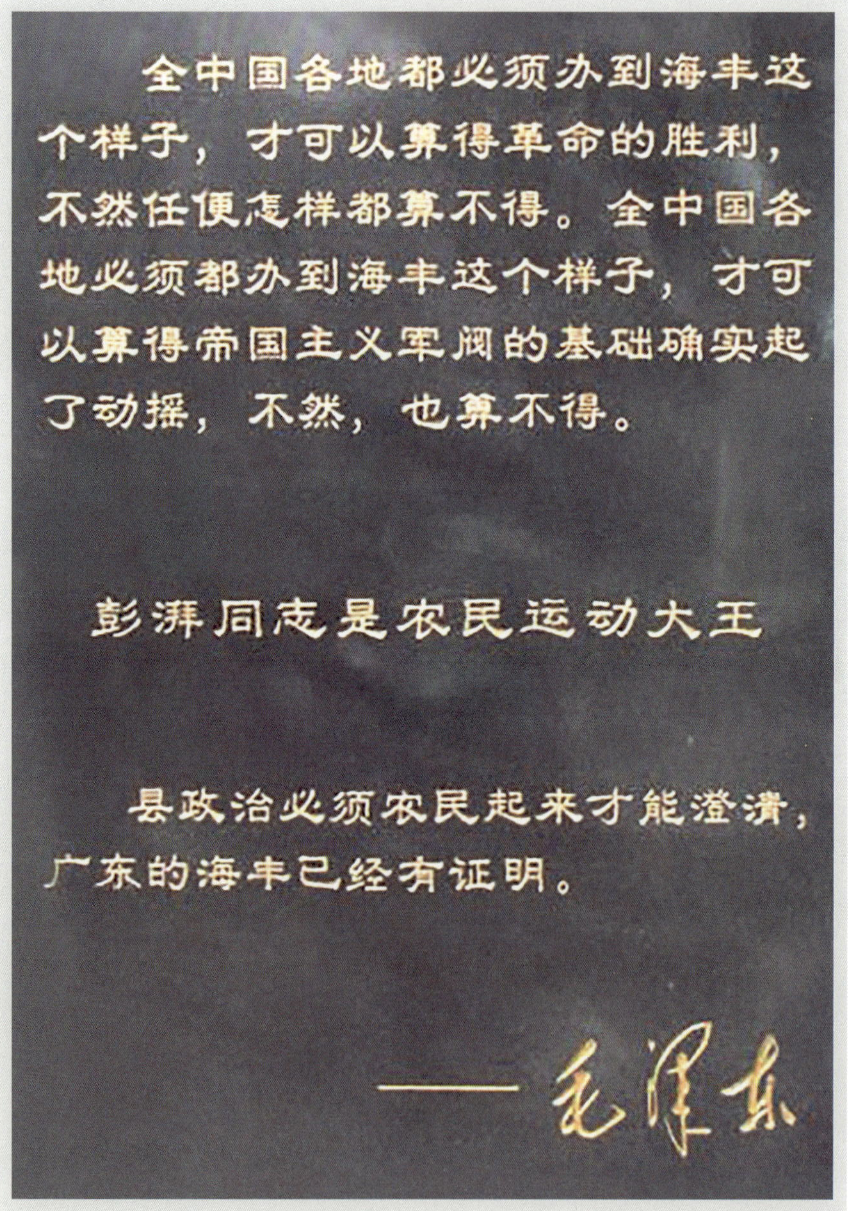

毛泽东为彭湃烈士题词纪念碑

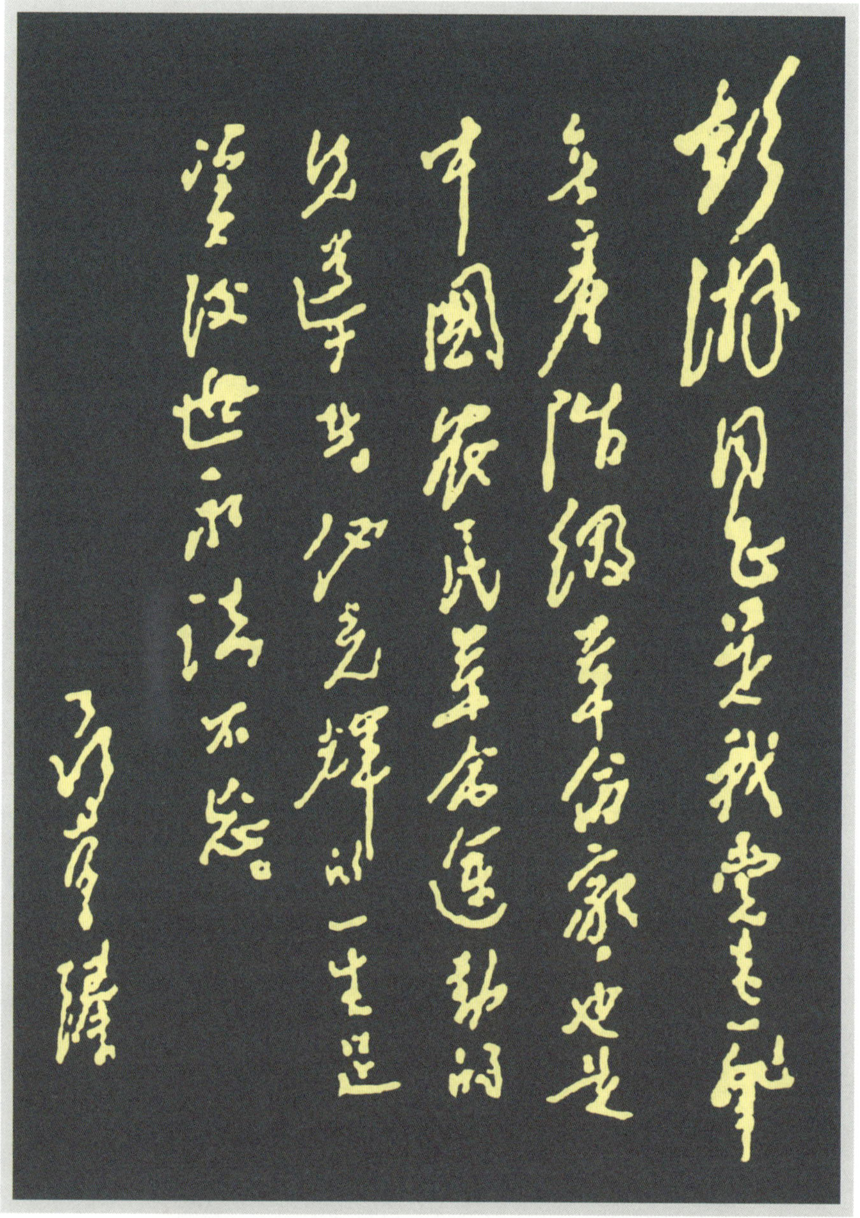

聂荣臻为彭湃烈士题词纪念碑

杨尚昆为彭湃烈士题词纪念碑

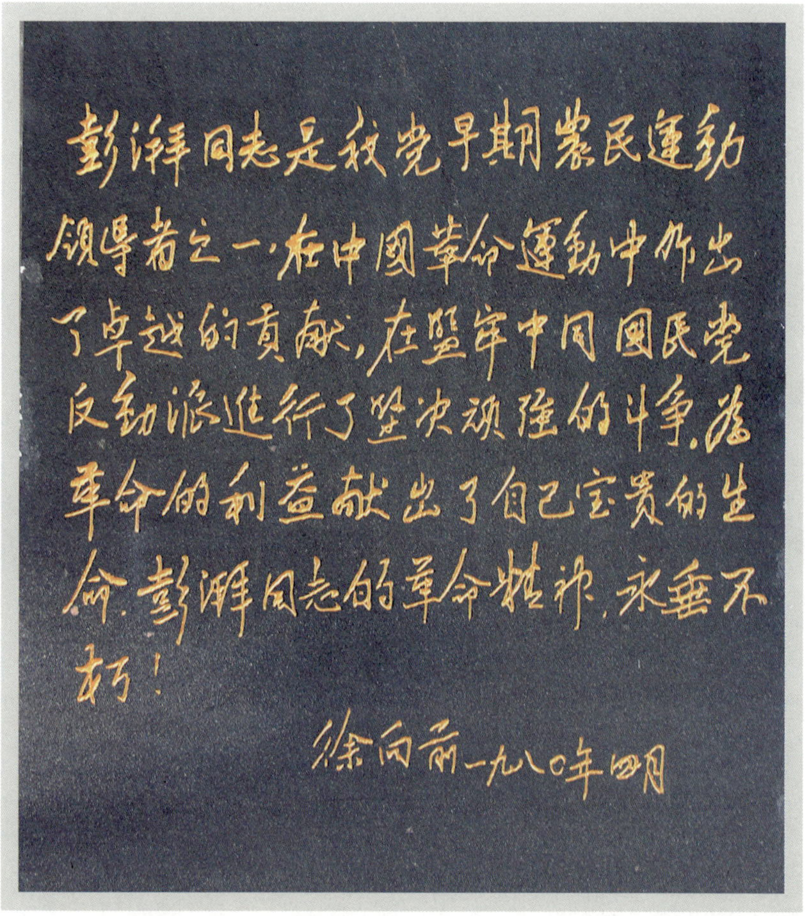

徐向前为彭湃烈士题词纪念碑

1978 年 4 月，习仲勋同志出任中共广东省委书记，做的第一件大事就是亲自到广东海丰县，以大无畏的革命胆略和气概，顶住“两个凡是”的巨大压力，为彭湃及其亲属平反昭雪、拨乱反正，通过纠正这个当时广东第一大冤案及其他冤案，为随后全省、全国的解放思想、实事求是，推行先行先试的政策破了冰，奠定了思想基础。十年后的 1988 年，时任全国人大常委会副委员长习仲勋同志再次重返广东海丰县，在红宫红场题词：“学习彭湃烈士的革命精神”。

习仲勋为彭湃烈士题词纪念碑

革命世家

彭湃烈士

彭湃的第一位夫人
蔡素屏烈士

彭湃的第二位夫人
许玉庆烈士

彭湃的三哥彭汉垣烈士

彭湃的七弟彭述烈士

彭湃的侄儿彭陆烈士

彭湃彻底的无产阶级革命精神，在彭家掀起了一阵阵“风暴”。他的亲人们先后走上了革命的征途，前赴后继，勇建奇勋。彭湃一家共有六位亲人为革命献出了年轻而又宝贵的生命，用鲜血和生命谱写了一曲曲可歌可泣的英雄壮歌。

“革命母亲”周凤

周凤，彭湃的母亲，一位被毛主席称为“革命母亲”的老人，出生于海丰一个贫苦农民家庭，从小被卖到彭家当丫头，后来才成为彭家媳妇。她凭着勤劳和聪慧的品质，赢得了妯娌、亲戚和邻居们的喜爱与尊重。

彭湃从日本回到家乡，发动农民运动，刚开始周凤不甚理解并担惊受怕，但最终支持彭湃等儿孙闹革命，还把自己的积蓄和首饰全部拿出来，捐给刚刚成立的农会做经费。更难能可贵的是，在残酷的革命年代，周凤把她的亲人一个个送上战场。海陆丰苏维埃政权失败后，反动派进行了疯狂的反扑，彭家遭到了残酷的镇压和屠戮。从 1928 年到 1933 年短短的几年间，周凤老人先后失去了多位骨肉至亲，其中六人是革命烈士：亲生儿子彭湃、彭汉垣、彭述，儿媳妇蔡素屏、许玉庆和长孙彭陆。老人如万箭穿心，忍受着这惨绝人寰的痛苦。

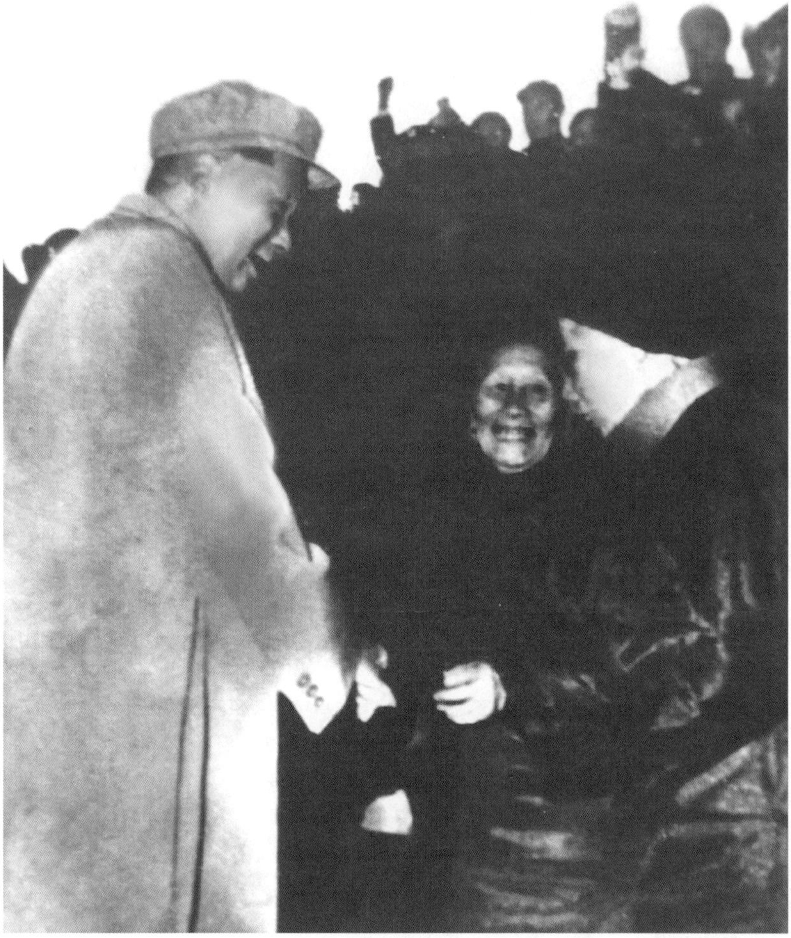

1956年11月16日,毛主席亲切接见彭湃烈士的母亲周凤(中)

中华人民共和国成立后，1956 年 11 月 16 日，周凤老人出席了全国烈军属代表大会。毛主席在人民大会堂接见周凤时亲切地握着她的手说：“彭湃是我们的好同志，您是彭湃的好母亲。”

1956 年 11 月 16 日，毛主席、周总理在北京亲切接见“革命母亲”周凤（中）

1956 年 11 月 16 日，宋庆龄在北京亲切接见彭湃烈士的母亲周凤（左）

蔡素屏烈士像

蔡素屏，彭湃的第一位夫人，彭士禄的母亲，一位出身富商家庭、温婉贤淑的大家闺秀。蔡素屏 16 岁时和彭湃结婚，当时还裹着小脚。婚后在丈夫的帮助和鼓励下，她扔掉了缠足布，跟彭湃学文化、学妇女要争取解放的革命道理。在支持彭湃闹革命的同时，两人建立了真挚的爱情。

1926 年 2 月，蔡素屏光荣地加入了中国共产党，成为一名无产阶级先锋队女战士。在海陆丰人民举行第三次武装起义、成立海陆丰工农兵苏维埃政府时，蔡素屏被推选为海丰县妇女解放协会主任。

1928 年 9 月 19 日，因叛徒告密，蔡素屏不幸被捕入狱。在狱中，敌人对她严刑拷打，但她无所畏惧、坚贞不屈。敌人无奈，决定对她处以死刑。

1928 年 9 月 21 日，广东海丰县城的街道上，一队国民党反动派的武装人员，押着一位被大麻绳捆绑着、背上插着“共匪苏维埃妇女主席”标签的青年女子前往海丰老车头刑场。她一路高呼：“农会万岁！共产党万岁！”……在乡亲们横飞的泪雨下，她昂首挺胸地走向刑场。刑场上，蔡素屏大义凛然、视死如归。敌人的枪响了，蔡素屏倒在了血泊中。她为中国革命解放事业流尽了最后一滴血，献出了年仅 31 岁的宝贵生命。

许玉庆烈士像

许玉庆，又名许冰，彭湃的第二位夫人，一位善诗文、持双枪、跨白马的文武双全的女子。青年时代的许冰接触进步思想，1926 年光荣地加入了中国共产党。在革命工作中，她与彭湃相识、相知，并结下了纯真的革命友情。在蔡素屏牺牲后，她与彭湃结为终身伴侣。

彭湃壮烈牺牲后，许冰无比悲痛地写下《纪念我亲爱的彭湃同志》，严词痛斥叛徒的卑鄙无耻。这时，党组织准备安排许冰到莫斯科学习深造，但是她坚决要求重返与彭湃一起战斗过的大南山进行革命斗争，为彭湃报仇。1933 年秋，国民党反动派组织大批军队围攻大南山，由于叛徒的出卖和敌众我寡，许冰在战斗中被捕。敌人得知她是彭湃的爱人时，就千方百计劝她自首，但她坚贞不屈、大义凛然地说："生为红军人，为革命而死，光明正大，决不贪生受辱。"面对这位铮铮铁骨的女性，反动分子劝降不成就对她施以毒刑，百般摧残，最后押解到汕头市杀害。牺牲时，许冰年仅 26 岁。

彭汉垣烈士像

彭汉垣，彭湃的三哥，一位始终支持彭湃革命行动的兄长。1917年春，彭湃准备留学日本时，受到思想守旧的祖父反对。彭汉垣积极主动帮助说服祖父，使彭湃得以成行。此后，他又经常敦促主管家庭的二哥彭达伍按时汇款给彭湃，使彭湃得以顺利完成在日本的学业。

彭湃开始从事农民运动时，彭汉垣起初不理解，但并未反对，采取不置可否的态度。

后来在彭湃的教育和影响下，他积极筹措经费帮助彭湃解决农会里的各种困难。1928年2月彭汉垣受彭湃的派遣，到香港采购物资。后来为了得到上级对海陆丰苏维埃今后斗争的指示，彭汉垣到上海找周恩来。根据周恩来的指示，彭汉垣到澳门以开小店为掩护，设立交通站。此时，他的行踪被国民党特务发现。1928年3月16日，彭汉垣在澳门南湾新街遭到葡萄牙警方逮捕。同年4月12日，彭汉垣被杀于广州西郊。临刑时，他大义凛然，从容就义。牺牲时，彭汉垣年仅35岁。

彭述烈士像

彭述，彭湃的七弟，一位进步青年，主动抛弃富豪子弟的优越生活，毅然走上革命道路，在彭湃的领导下，积极参加革命活动。

1927 年，彭述协助海丰县委搞武装斗争。在海陆丰第二次武装起义后，他光荣地加入了中国共产党；11 月，在海陆丰第三次武装起义取得胜利后，彭述被调到东江特委工作。1928 年 2 月下旬，东江特委派彭述到香港与广东省委联系工作；3 月 1 日，海陆丰被国民党反动军队攻陷；3 月下旬，彭述在香港闻悉二哥达伍、三哥汉垣在澳门被捕被引渡到广州，他即到澳门去安抚家人。到澳门数天后，省委特派员到澳门通知他去潮汕工作。彭述化装成渔民，于 4 月份乘船到了澄海，任中共澄海县委书记。1931 年，党组织调彭述到大南山区工作，任命他为中共东江特委委员。1933 年秋，敌人“围剿”大南山，在一次敌众我寡的战斗中，彭述英勇牺牲，年仅 31 岁。

彭陆烈士像

彭陆，彭湃的侄子，彭湃三哥彭汉垣的儿子。一位从小聪明、才华横溢、活泼幽默、深得彭湃喜爱的孩子。由于喜爱，彭湃非常关心侄儿彭陆的进步，鼓励他多读革命书籍。1925 年，彭陆在海丰第一高等小学读书时就参加了共青团。后来，彭湃带他到广州读书。大革命失败后，国民党反动派到处搜捕革命同志，彭陆在广州一家书店当店员，以此作掩护，进行地下工作。后因海丰的地主告发，1928 年初他被敌人逮捕，囚禁于警备司令部特别法庭。

在受审前，彭陆抱定牺牲的决心，在狱中给母亲写了封信："亲爱的母亲，永别了！请你不要伤心，要坚强地活下去，好好培养妹妹，教育她为革命继续奋斗，为我报仇。"

1928 年 2 月 28 日，敌人下毒手将他杀害。在被押赴刑场时，彭陆毫无惧色，正气凛然，一路高呼口号："共产党万岁！""苏维埃万岁！"反动派把他杀害后，将他的尸体抛入珠江中。

1983 年，中华人民共和国民政部给彭家六位烈士颁发“革命烈士证明书”，以表彰彭家在第二次国内革命战争中所做的牺牲。

彭湃烈士证书

蔡素屏烈士证书

许玉庆烈士证书

彭汉垣烈士证书

彭述烈士证书

彭陆烈士证书

在当年，彭家是富甲一方的豪门，他们本可过上安稳闲逸，甚至纸醉金迷的生活，但他们毅然选择了充满艰难与风险的革命道路。他们在枪林弹雨中冲锋陷阵，不惜牺牲自己年轻的生命。他们在彭湃的教育与指导下，树立了牢固的革命理想。生命中有了理想，就有了生命的动力，就有了生命的灵魂。因此，他们能够做到为真理而奋斗，能够做到富贵不能淫，贫贱不能移，威武不能屈，能够做到为了中国人民的解放事业和中华民族的伟大复兴而不惜献出自己的一切。

彭湃的革命家庭，在中国革命史上书写了灿烂辉煌的篇章！

烈士已逝，忠魂永驻；

革命英烈，千古流芳。

矗立在海丰红场的彭湃烈士铜像

在父母牺牲后，敌人到处搜捕幼小的彭士禄。为了躲避国民党的“斩草除根”，当地贫苦百姓冒着生命危险把这棵烈士留下的根苗，从一家转移到另一家，用鲜血和生命护卫着他、养育着他。童年的小士禄穿百家衣，吃百家饭，姓百家姓。凄悲的童年生活，让他不停地变换着角色：“小孤儿”“小囚犯”“小乞丐”“小游击战士”……也就是从那个时候起，对老百姓的感恩之心在小士禄的心底生根发芽。在延安，学业、劳动、工作全优的彭士禄被评为模范护士、模范学生，他的事迹被登上了延安的《解放日报》，他光荣地加入了中国共产党。

第二章

饮水思源 话恩情

革命自有后来人

彭湃的革命精神在彭家一代代传承着，当中最优秀的代表就是彭湃烈士的优秀儿子——彭士禄院士。

得趣书室

1925 年 11 月 18 日，一个阳光明媚的日子，彭士禄于广东省海丰县呱呱坠地。小生命的诞生，让彭家洋溢着喜气洋洋的气氛，父亲彭湃为他取名彭赤湿，寓意红色的后代。小士禄出生后，住在父母亲居住的白色小洋楼旁的得趣书室。

彭湃一直南征北战，很少在家陪伴彭士禄，小士禄对父亲的印象是模糊的，但父亲的革命精神在彭士禄的脑海里是深刻的。下图的照片是彭士禄跟父亲的合影，也是父子俩唯一的合影。在照片的左侧，彭湃亲笔写下了“彭湃及他的小乖乖，一九二六·二·二二”。当时的小士禄依偎在父亲的怀里，是多么温馨幸福啊！

彭士禄（前排左侧）幼儿时和父亲彭湃的合影，前排右侧是彭士禄的哥哥彭绛仁

1928年3月的一天，广东海丰城和紧邻的陆丰城相继被敌人攻陷，彭湃创建的苏维埃政权宣告结束。敌人叫嚷着："彭家人抓到一个杀一个，一个都不能留，要斩草除根！"

这天暴雨哗哗地下着，奶妈王婵把当时只有3岁的小士禄从热被窝里抱出来，背着他跑出得趣书室，冲进雨幕之中。彭湃一家刚刚逃出，得趣书室和那座白色的小洋楼便被敌人一把火焚毁了。奶妈背着小士禄藏到了准提阁。

没有了住所，奶妈带着小士禄开始了东躲西藏的日子。

1928年9月21日，彭士禄的母亲蔡素屏被国民党反动派杀害。1929年8月30日，彭士禄的父亲彭湃在上海龙华警备司令部壮烈牺牲。

失去父母双亲的小士禄，当时还是个未满4岁的孩子。

彭湃夫妇牺牲后，敌人到处搜捕幼小的彭士禄。为了躲避国民党的"斩草除根"，当地贫苦百姓冒着被杀头的危险把这棵烈士留下的根苗，从一家转移到另一家，用鲜血和生命护卫着他、养育着他。

掩映在浓荫里的准提阁旧址

当时，作为“通缉犯”的彭士禄辗转寄居过二三十户人家，也不知改了多少次姓名。

张村要被查了，百姓马上把他转移到李村，李村要被查了，马上把他转移到另一村……就这样和敌人玩起了捉迷藏。敌人抓过来，扑过去，连小士禄的一根汗毛也没碰着。在那些年里，小士禄见到年纪大的就喊爸爸妈妈，见到年纪小的就喊哥哥姐姐，他成了吃百家饭、穿百家衣、姓百家姓的孤儿。可是，每一家都待他比亲人还亲。他曾深情地说：“我在广东潮汕一带有二三十个爸爸妈妈呢……”

彭士禄辗转去瑞金

有一次，小士禄住在韩江一带杨姓爸爸和哥哥家，等待去江西瑞金中央苏区的机会。一天，来了两个陌生的叔叔，并带来一竹篮的衣服，薄的、厚的、长的、短的，都是穷苦百姓省吃俭用为小士禄前往苏区准备的。第二天，他们划船沿江去瑞金，经过一个关口时被敌人拦下盘查。结果，敌人在船上的一道泥缝里发现了一张字条，那是党组织为两位叔叔去苏区开的介绍信。两位叔叔被抓走了，中央苏区去不成了。多年以后，彭士禄才知道，那两位叔叔，一位叫张国星，另一位叫林甦，都是东江特委的负责人，他们在被捕后的第七天，就在广东梅县被国民党杀害了。按照当时的情形，两位叔叔被捕后，如果供出彭士禄是彭湃的儿子，他们是可以“立功”活命的。但是他们并没有那样做。这让彭士禄再次感受到：“我的生命是革命同志和老百姓用鲜血和生命换来的啊！”

张国星、林甦等被捕

当年的韩江

自黑色风暴席卷了海丰，彭士禄的父亲和母亲相继牺牲后，1929年，彭家的十几口人便隐姓埋名藏到了香港、澳门。1930年春，小士禄被七婶杨华从海丰接到澳门，与七婶一家、祖母周凤一起生活。为了糊口，祖母周凤领着一家老小，替人家糊纸盒，做鞭炮，艰难地维持生活。为躲避敌人的追捕，也为了以后能够免费读书（上教会学校），小士禄加入了天主教，成为一名天主教徒，名字由彭赤湿改为彭保禄。后来，他在潮汕一带的老百姓家里改名为彭士禄，并一直沿用至今。

20世纪50年代，七婶杨华（前左）与儿子儿媳（东江纵队的抗日战士）合影

1963年，彭湃母亲周凤（左）与儿媳杨华（右）摄于海丰家中

彭士禄的七婶杨华——东江纵队的抗日老战士

1978 年，彭士禄（后排右一）在广东海丰与七婶杨华（后排右二）、彭汉垣烈士女儿彭平（前排右一）等合影

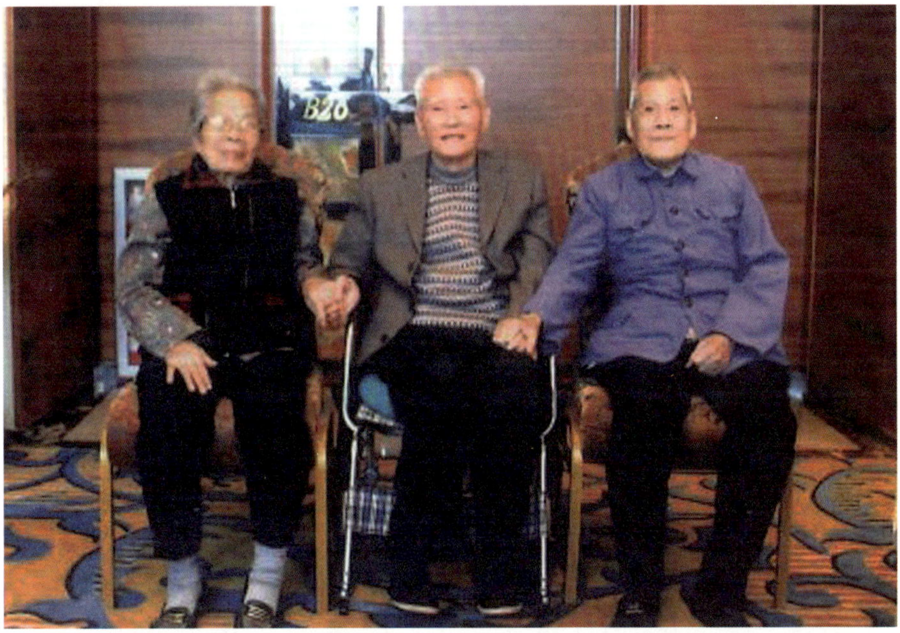

2011 年，彭士禄（中）特意到广州看望七婶杨华的家人并与堂弟彭锡明夫妇（东江纵队的抗日老战士）合影

小士禄被转移到潮安陈村潘舜贞家

后来，小士禄又被转移到潮安县（今潮州市潮安区）彩塘镇陈村潘舜贞家，他称潘舜贞为姑妈。潘舜贞的儿子是红军的游击队队长，这个家是一处地下交通站。在潘姑妈家，小士禄学会了绣花，学会了放鹅。潘姑妈全家和当地纯朴的农民们省吃俭用，在极其艰苦的条件下，还把小士禄送进了学堂，让他读书受教育。

不幸被捕

1933年，刊登在广州《民国日报》上的彭士禄照片

1933年农历七月十五日，还不满8岁的小士禄被叛徒出卖，和潘舜贞姑妈一家都被国民党反动派逮捕了，被押送到潮安监狱。姑妈被关进女监狱，小士禄本来该被关进男监狱的，可因为年龄太小，也一起被关进了女监狱里。就这样，小士禄和姑妈一块儿坐牢。

在狱中，姑妈始终不承认小士禄是彭湃的儿子，而小士禄也说自己是姑妈的侄子。反动派对姑妈施以鞭打、灌辣椒水等酷刑，但坚强的姑妈潘舜贞，一位普通的农村妇女，为了保护彭湃烈士的根苗，苦苦地坐了三年牢。宁把牢底坐穿，她也绝不供出小士禄是彭湃的儿子。这是一位多么伟大的女性啊！

左边这幅照片，记录的是1933年，8岁的彭士禄在广东汕头石炮台监狱被国民党反动派列为“小政治犯”，国民党当局为他拍下了这张照片，并将其刊登在广州的《民国日报》上，还在醒目的位置注有“共匪彭湃之子被我第九师捕获”等字样……

年幼的小士禄先后被关押在潮安监狱、汕头石炮台监狱、广州感化院，一直囚至 1935 年。释放后，彭士禄回到潮安，流浪一段时间后寄居在穷苦百姓家里，在“家”里帮着“家人”绣花、打柴、放鹅，以此作为回报。

1991 年，彭士禄回到广东，在汕头石炮台监狱前留影

1996 年，彭士禄回到广东，在潮安监狱前留影

小游击战士

彭士禄去往东江抗日游击队的船上

受父亲的影响，彭士禄14岁便独自出门寻找革命队伍，在惠州加入了东江纵队，从此走上了革命道路。游击队领导发给了彭士禄一支枪。得了枪，他欢喜至极：站岗、放哨、操练，一刻也不肯放下，就连晚上睡觉也把枪抱在怀里。正当彭士禄在东江抗日游击队里心满意足、快乐无比的时候，由于水土不服，加上在广州感化院监狱时得的一场大病严重地损伤了他的身体，他病倒了：一会儿身上像着火似的发烧，一会儿又像掉在冰窖里，冷得发抖。党组织得知彭士禄的情况后，立刻派人把他从东江抗日游击队接到香港调养身体。

2015 年 9 月 2 日，彭士禄荣获中共中央、国务院、中央军委颁发的“中国人民抗日战争胜利 70 周年纪念章”

2006年，彭士禄夫妇重返广东东江纵队司令部旧址。故地重游，彭士禄触景生情，凝望着自己少年参加革命的地方，不禁心潮起伏、感慨万千。

彭士禄夫妇在东江纵队司令部旧址留影

赤子之心

1940 年 8 月，有几位从新加坡回国的华侨青年途经香港，要取道桂林、重庆，去延安参加抗日。组织上便安排彭士禄跟他们同车先到了桂林。

1940 年秋，周恩来同志派副官龙飞虎和贺怡（贺子珍之妹）找到了在桂林的一所小学里读书的小士禄，把小士禄带到了重庆。

周恩来同志在重庆（图片来源于《周恩来画传》，中共中央文献研究室周恩来研究组编著，四川人民出版社，2006 年 1 月第 1 版）

贺子珍（左）与妹妹贺怡

龙飞虎将军

在重庆八路军办事处，小士禄第一次见到了周恩来和邓颖超。“孩子，终于把你找到了。你爸爸是我的好朋友哩！”一见到小士禄，周恩来便激动地说，“孩子，你要继承你爸爸的遗志，好好学习，努力工作，听党的话，服从分配，要为你爸爸争光呀！”周恩来情深义重，自彭湃牺牲后，他便派人将彭湃母亲周凤从澳门接到上海。之后，他便急迫地寻找烈士的其他亲属。然而，那时周恩来身在上海，而南海之滨的海丰小城，被阻隔在硝烟弥漫的千里之外，一时难以寻觅到在汹涌浪涛之中颠簸的生命之舟……此时，彭湃烈士的亲生儿子——年少的彭士禄终于站在了他的面前，他的喜悦之情难以抑制。

小士禄在倾听了爸爸的挚友周恩来叔叔这番话后，充满了感动。他默默地、深深地记下这位伟人的教诲，暗下决心，要倾尽一生来实践它。

许多年后，彭士禄回到重庆，在中共中央南方局八路军驻重庆办事处旧址前留影

模范护士
优秀学生

1940 年底，15 岁的彭士禄历经千辛万苦终于到达了革命圣地——延安。在延安，彭士禄度过了黄金般的学生时代。在延河边，在桥儿沟，从杨家岭到清凉山，从延安大学自然科学院的大教堂到露天教室和窑洞，可亲可敬的老师们和活泼可爱的彭士禄伙伴们，令革命圣地延安焕发生机与活力。在延安，即便彭士禄不说，“但人人都知道我是彭

清清延河水，巍巍宝塔山的革命圣地——延安

湃的儿子”。“那时候我才知道，原来我爸爸真的是个大人物……”一生中有多少往事都是稍纵即逝，然而，对于延安岁月的回忆，彭士禄却总是感到那么真切，那么清晰，那么强烈，总是感慨万千！

也许是因为经历过太多苦难，初到延安的彭士禄，显得有些老成持重。和他先后到达延安的那一批烈士遗孤和干部子女，虽然也都穿上了灰军装，成为一名小战士，却时时流露出孩子的天真和稚气。他们无拘无束，每逢星期天或节假日，大都成为中央首长家中的座上宾、小食客。这中间却很少见到彭士禄。因为他常常独自一人留在学校里读书或劳动。周恩来、叶剑英、蔡畅、帅孟奇等许多革命前辈都很关心他，经常叫他去家里玩，但他却很少去。因为他不愿意给他们增添麻烦，更不肯去分食他们仅有的一点营养品。

1997年帅孟奇百岁寿辰时，彭士禄夫妇与她合影

1941 年初，彭士禄就读于延安中学（图为延安中学旧貌）

彭士禄工作过的延安中央医院

1942 年春，中央机要处和中央医院都到延安大学和中学部要工作人员。由于战争的需要，需从学校调一批人到中央医院当护士。本来，学校没有派彭士禄去，可他早就按捺不住心中那团始终燃烧着的革命烈火了。彭士禄一心想工作，想革命！他立志要做一名好护士，然后做一名好医生，为战士服务，为革命服务。他自告奋勇地率先报了名，还动员一个叫王立明的男同学与他同去。

彭士禄曾就读的延安大学自然科学院

1944年春，彭士禄与延安大学中学部的同学转到延安大学自然科学院化工系学习。在当时系主任的带领下，他们在化工系边学习边生产，支持革命根据地的生产建设。

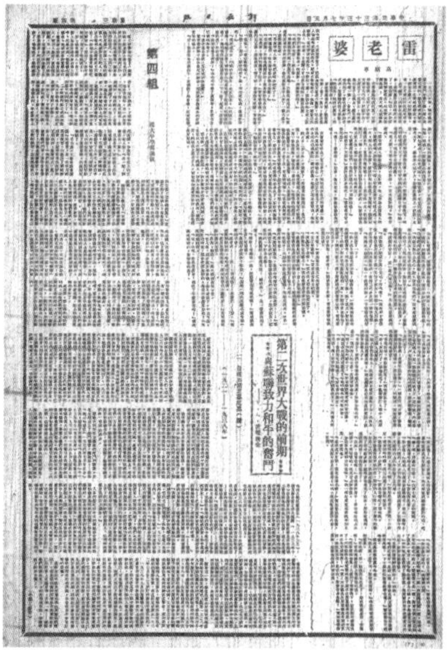

雷老婆

第四組

第二次世界大戰的前期

與蘇聯致力和平的奮鬥

1944年7月5日的延安《解放日报》

在延安，彭士禄和朋友们同学习，同劳动，同工作。日子是艰苦的，一切都得自力更生：开荒、种地、纺线、做鞋袜、缝衣服、做被褥……但生活是愉快的，无忧无虑；学习是勤奋的，争分夺秒。他超乎寻常的懂事与努力，得到周围老师、同学的认可，彭士禄被评为模范护士、模范学生，他的事迹被刊登在1944年7月5日的延安《解放日报》上。这篇报道，不仅刻画了彭士禄不屈不挠的攀登精神，还写出了他善良、坚韧、内向的性格特征，

星期三 第四版

第四組

延大中學部通訊

延安《解放日报》登载的第四组事迹

展现了彭士禄卓越的组织领导才能、敏锐的洞察力和高尚的品德情操。延安圣地培育了彭士禄自力更生、艰苦拼搏、直率坦诚、团结协作的精神。此文成为那个时期重要的精神食粮，并在延安各学校形成了一个学习的热潮。

革命工作只有分工不同，没有高低贵贱之分。捧起书本的彭士禄懂得“学知识同扛枪杆是一样重要的工作”。1945年，进入延安大学自然科学院化工系学习的彭士禄变得更加成熟了，此时的他仍然是一个寡言、腼腆、乐于干活、喜好读书的年轻人。

1945年8月1日，彭士禄光荣地加入了中国共产党。当时，中共七大通过的党章明确规定党员要有预备期，但由于彭士禄表现突出，破例免去预备期，入党即为正式党员。

炼焦厂技术员

抗日战争胜利后，中国共产党将战略重点转移到东北。1945 年 12 月，延安大学自然科学院拟迁往东北，到达张家口时，时局发生了变化，于是，学生们被留在张家口，彭士禄在晋察冀边区工业专门学院化工班学习炼焦技术。

晋察冀边区工业专门学院旧址

这个时期的晋察冀革命根据地物资非常匮乏，尤其是用于制造炸药的军需物资。彭士禄和从延安大学自然科学院过来的同学们一边学习化工知识，一边从事炸药等生产工作。

1946 年 8 月，延安大学自然科学院的大部分同学走上了工作岗位，21 岁的彭士禄被分配到宣化炼焦厂工作。

1947 年 11 月 12 日，河北省石家庄解放。此时，彭士禄在石家庄炼焦厂担任技术员，负责组织研究生产焦化产品。彭士禄除每天忙于工作外，他还喜欢利用业余时间到周围老百姓家看看。

这时的彭士禄已经是一位 22 岁的英俊青年了。他常身穿粗质布衣裤，留着乌黑短发，两眼炯炯有神，那高高的鼻梁，棱角分明的嘴唇，沉静的神情，还有那眉宇之间显现出来的坚韧不拔的气质，是多么酷似父亲啊！

彭士禄 1948 年在石家庄

“延安岁月给了我坚定的革命信念，培养了我坚韧不拔、吃苦耐劳的性格和自力更生、艰苦朴素的作风；教会了我实事求是、调查研究的科学态度和工作方法……这些都是我工作和生活中取之不尽、用之不竭的宝贵财富。”谈起激情澎湃的延安诗篇，彭士禄总是按捺不住感慨万千。

此时，从延河走过来的彭士禄，已牢固树立了共产党人的世界观、价值观和人生观，并迈出了他报效祖国、实现民族振兴夙愿的第一步。

从此，彭士禄越发努力地学习、工作，不断进步，不断提升自己，他愿意将自己的一生都奉献给祖国，奉献给养育他的党和人民。

无限感恩

彭士禄夫妇和姑妈潘舜贞（中）

这幅照片记录的是彭士禄完成在苏联的学业，回国与他心爱的妻子完婚的旅途中，送给新婚妻子马淑英的一份珍贵礼物：带她回到广东潮安看望阔别20多年的姑妈潘舜贞，并合影留念。作为新婚妻子的马淑英含泪跪在了潘姑妈面前，为姑妈献上了一匹当时很罕见的人造棉布料。潘舜贞用颤抖的双手不停地抚摸着她日夜思念的小士禄娶回来的这位美丽新娘子的秀发，泪如雨下。

彭士禄（后排右一）和姑妈潘舜贞（前排右一）合影

为了报答潘舜贞姑妈的抚养之恩，彭士禄夫妇坚持每月按时从他们的工资中拿出一部分寄给潘舜贞老人做生活费，每逢年节还要多寄些钱让姑妈买件新衣服穿，让老人衣食无忧地幸福生活，直到老人去世。左图为彭士禄回潮安看望潘舜贞姑妈时，与潘姑妈等人合影留念。

1963年冬，彭士禄（后排左一）、彭士禄胞弟彭洪（后排左二）、彭士禄夫人马淑英（后排左三）、彭洪夫人陈平（后排左四），以及他们的儿女们在广东海丰彭湃故居前合影

当彭士禄成为中国核潜艇第一任总设计师、中国核动力领域的开拓者和奠基人时，他仍然深深地感恩当年节衣缩食也要送他上学识字的穷苦百姓们。

他心系革命老区，同时为了感激潘舜贞姑妈的抚养之恩，1996年，彭士禄回到家乡广东，协调有关部门在彩塘镇金砂乡建了一座供电所——彩塘供电所，解决了老百姓多年来用电难的问题。左图是由彭士禄题写的“彩塘供电所”名字，下图为安全运行的彩塘供电所全貌。

彭士禄为彩塘供电所题字

彩塘供电所全貌

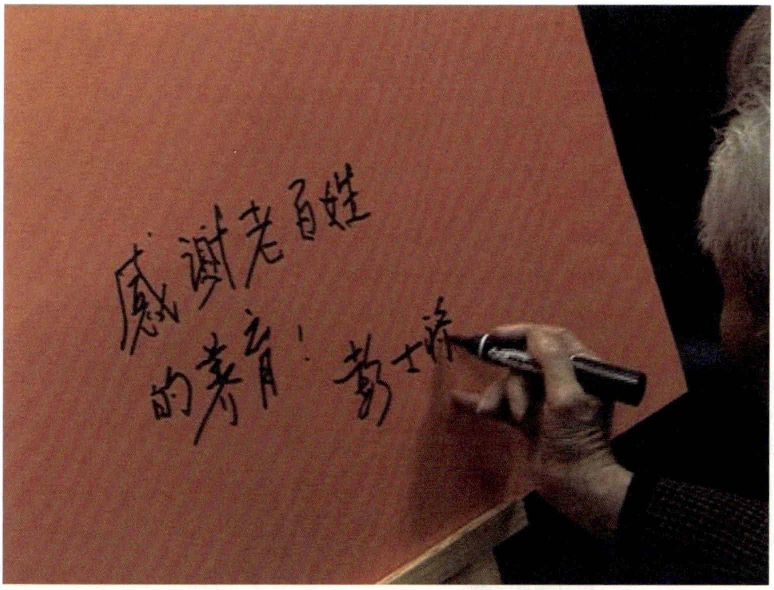

彭士禄亲笔写下“感谢老百姓的养育！”

凄悲的童年生活，让他不停地变换着角色：“小孤儿”“小囚犯”“小乞丐”“小游击战士”……小士禄拥有太多波澜曲折的经历。他被革命同志用鲜血和生命保护着；他被叛徒出卖过，还被关在监狱中受到百般折磨，甚至差点饿死、病死在监狱中。

经历了非常人所能想象的童年，彭士禄超乎寻常地懂事与努力。他内心深藏的感恩之心，正在变成燃烧的火种，他的灵魂也因这团火燃烧起来。

每每回忆起自己的童年经历，彭士禄总是饱含深情地说：“坎坷的童年经历，磨炼了我不怕困难艰险的性格。几十位‘母亲’给予我的爱抚，激发了我热爱老百姓的本能。父母亲把家产无私地分配给了农民，甚至不惜牺牲生命，给了我要为人民、为祖国奉献一切的热血。我对人民永远感激，无论我怎样努力，都感到不足以回报他们给予我的恩情。我就是工作一辈子、几辈子都还不完这个恩情……”

“我的生命是革命同志和老百姓用鲜血和生命换来的啊！”彭士禄后来常常说这句话。现在，能有机会把这件事载之于书，彭士禄感到很欣慰，并借此表达他对所有用生命和鲜血来保护他的革命前辈的哀悼和追思。

1996年10月，彭士禄夫妇与孙女们
在彭士禄少时生活过的潮安小河边留影

1951年，彭士禄因成绩优异获得赴苏联留学机会，先后进入喀山化工学院和莫斯科化工机械学院化工系学习。在他毕业之际，正在苏联访问的时任国防部副部长陈赓将他召到大使馆，告诉他，中央决定选一批留学生改行学习原子能核动力专业，并问他:“你愿意改行吗？”彭士禄坚定地回答:“当然愿意，只要祖国需要。”

第三章

留苏结缘 核动力

国内学习

沐浴着延河的阳光雨露成长的彭士禄，有了自己的理想信念和奋斗目标：他要掌握知识，掌握本领，并以此来报答党的培养、老百姓的养育之恩。

1948 年秋，组织上安排彭士禄到哈尔滨工业大学（简称“哈工大”）学习。

从 1920 年建校到中华人民共和国成立，哈工大一直用俄语或日语授课。为此，彭士禄到哈工大后先用了一个学期的时间较好地掌握了俄语。

1949 年 9 月，彭士禄和延安的一批老同学一起进入大连大学工学院应用化学系学习化工机械专业，读大学一年级。

1950 年，彭士禄的弟弟彭洪给他寄去了一张父亲的遗照，这是彭士禄第一次看到父亲的照片，当时他的感受难以言表。这张照片背面彭士禄写的几句话，能够最好地表达他对父亲的感情：“这是中国革命英勇的斗士！这是光荣的共产党员！这是我的爸爸——彭湃同志！”

彭湃遗像，背面文字为彭士禄亲笔

苏联留学

1951年夏，组织上通知彭士禄到北京参加留学考试，彭士禄以优异的成绩通过考试。临行前，贺子珍和贺怡亲自为他添置了一身黄呢中山装。周恩来总理接见这些留学生时嘱咐道："同学们，我们老一辈打下了江山，现在要靠你们年轻一代来建设社会主义和共产主义大厦了。你们一定要刻苦学习，努力钻研，学好本领，回国后为建设社会主义服务啊……"

在此后的岁月中，彭士禄先被派到苏联喀山化工学院化工机械系学习，之后于1955年转入莫斯科化工机械学院，又在组织的安排下，于1956年改修原子能核动力专业。他以坚韧不拔的毅力出色地完成了学业，立志将自己的毕生精力无私地奉献给中国的核工业事业。

20世纪50年代中期，中国留学生在苏联喀山化工学院合影。彭士禄在四排右二

20 世纪 50 年代中期，赴苏中国留学生与俄语教师（前排中间）合影。彭士禄在后排右一

当时我国还没有俄语专业，国家派出的第一批公派留苏学生到苏联后需要先学一年专业俄语。初到苏联喀山化工学院时，彭士禄等留学生的第一个任务是学习俄语。学院聘请了一位中学九年级的苏联教师教他们俄语。

教俄语的女教师名叫尼娜·巴甫洛夫娜·麦克连佐娃，她对中国留学生非常好。她在授课的后期，还增加了一些俄国文学的内容，这对提高中国留学生的俄语水平有很大帮助。

这批留学生都非常珍惜这来之不易的学习机会，每天学习时间长达16 个小时，除了吃饭和睡觉，几乎没有其他休息时间。就这样，经过近一年的刻苦学习，他们很快掌握了专业俄语。

已在国内完成大学一年级课程的他们在攻克语言关后直接进入苏联方面的大学二年级学习。进入大学二年级的中国留学生学习数学、理论力学、材料力学等课程尚且顺利，但在上马列主义课程时语言困难就较大了，特别是老师有时会在讨论时指定中国学生回答问题或发言，彭士禄和同学们往往紧张得满头大汗。但他们没有畏惧，迎难而上，多数同学的俄语水平提高得很快。

留学生们都知道，国家培养一名留学生所花的费用相当于当时国内25~30户农民全年的劳动收入，也相当于在国内培养25~26名大学生的费用。

20世纪50年代中期，中国留苏学生合影。第一排左一为马淑英，第二排右二为彭士禄

彭士禄和他的同学们，个个深怀着为祖国建设学好本领的决心，奋发图强，努力学习。他们除了要将老师课堂上讲授的内容学懂弄通外，在课下，还要阅读大量的课外参考书，以加深理解、扩充课堂上所学的知识。

20世纪50年代初期，彭士禄在莫斯科红场留影

学习化工机械专业十分辛苦，彭士禄和同学们从大学一年级学画法几何到大学五年级做毕业设计，整整画了 5 年图，还要学习普通化学、有机化学、物理化学、工业化学以及化工原理等化工相关课程。其中有机化学、物理化学、化工原理等课程比较难学。苏联的大学，多数课程需要考试的，而且是口试，少数课程不需要考试，只进行考核，通过就行，不打分。从 1951 年到 1956 年，彭士禄在喀山化工学院和莫斯科化工机械学院化工机械系学习的 5 年间，共修了 36 门课程，除 3 门课程成绩为合格外，其他 33 门课程成绩均为优秀。在彭士禄的毕业证书上，他的成绩总评为优秀。

20 世纪 50 年代中期，彭士禄（前排右一）等中国留学生与苏联同学合影

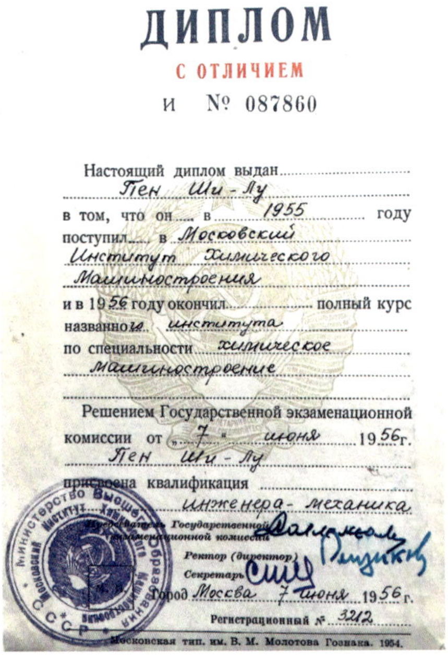
ДИПЛОМ
С ОТЛИЧИЕМ
И № 087860

Настоящий диплом выдан Пен Ши-Лу
в том, что он в 1955 году
поступил в Московский Институт Химического Машиностроения
и в 1956 году окончил полный курс
названного института
по специальности химическое машиностроение

Решением Государственной экзаменационной
комиссии от „7" июня 1956 г.
Пен Ши-Лу
присвоена квалификация инженера-механика

Председатель Государственной экзаменационной комиссии
Ректор (директор)
Секретарь
Город Москва 7 июня 1956 г.
Регистрационный № 3212

Московская тип. им. В. М. Молотова Гознака. 1954.

彭士禄获得的“优秀化工机械工程师”证书

彭士禄在莫斯科化工机械学院撰写的毕业论文是《带悬臂操控叶轮的全自动卧式过滤机离心机》，老师给予了很高的评价，毕业论文也被评为“优秀”。

鉴于全优的课程成绩和毕业论文成绩，彭士禄在毕业时获得了莫斯科化工机械学院颁发的“优秀化工机械工程师”证书。

彭士禄在国内读书期间，从香港的教会学校、延安大学中学部、延安自然科学院、哈尔滨工业大学到大连工学院，从小学到大学各阶段的学习都没能连续，所以一直没有获得毕业证和学位证。直到去苏联留学，毕业时终于以优异的成绩获得了毕业证书。这在当时算是本科毕业证。1998 年 3 月 17 日，莫斯科国家教育部门给彭士禄发来一封证明信。在这封信中，说明了彭士禄 1951 年至 1955 年在喀山化工学院，以及 1955 年至 1956 年在莫斯科化工机械学院的学习水平和层次，被认定为工程硕士学位。

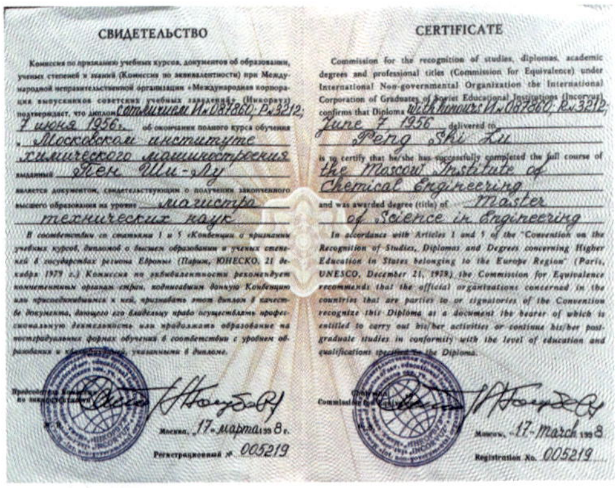
СВИДЕТЕЛЬСТВО

Комиссия по признанию учебных курсов, документов об образовании, ученых степеней и званий (Комиссия по эквивалентности) при Международной неправительственной организации «Международная корпорация выпускников советских учебных заведений» (Инкорвуз) подтверждает, что диплом с отличием И № 087860; Р № 3212; 7 июня 1956 г. об окончании полного курса обучения в Московском институте химического машиностроения выданный Пен Ши-Лу является документом, свидетельствующим о получении законченного высшего образования на уровне магистра технических наук

Москва, 17 марта 1998 г.
Регистрационный № 005219

CERTIFICATE

Commission for the recognition of studies, diplomas, academic degrees and professional titles (Commission for Equivalence) under International Non-governmental Organization the International Corporation of Graduates of Soviet Educational Institutions (Incorvuz) confirms that Diploma with honours И № 087860; R № 3212; June 7 1956 delivered to Peng Shi Lu is to certify that he/she has successfully completed the full course of the Moscow Institute of Chemical Engineering and was awarded degree (title) of Master of Science in Engineering

In accordance with Articles 1 and 5 of the "Convention on the Recognition of Studies, Diplomas and Degrees concerning Higher Education in States belonging to the Europe Region" (Paris, UNESCO, December 21, 1979) the Commission for Equivalence recommends that the official organizations concerned in the countries that are parties to or signatories of the Convention recognize this Diploma as a document the bearer of which is entitled to carry out his/her activities or continue his/her post-graduate studies in conformity with the level of education and qualifications specified in the Diploma.

Moscow, 17 March 1998
Registration No. 005219

彭士禄的硕士学位证明书

绝密会议开辟
秘密历程

中国第一块铀矿石

20 世纪中期，国际核技术和核武器发展迅猛，美国先后成功爆炸了第一颗原子弹和氢弹，美国的核潜艇开始服役，苏联第一座核电站建成……

1954 年，我国在广西富钟县花山区杉木冲采集到了中国第一块铀矿石。1955 年 1 月 15 日，这块铀矿石被带到了中南海，在中共中央书记处扩大会议上，人们揭开了它的神秘面纱。

这是中华人民共和国历史上具有特殊意义的一天。这天下午，毛泽东主席在中南海主持召开中共中央书记处扩大会议，作出了建立和发展中国原子能事业的战略决策。这是一次绝密会议，会议没有留下文字记录，也

1955年1月15日，毛泽东主席在中南海主持召开中共中央书记处扩大会议，听取李四光、刘杰、钱三强关于发展我国原子能工业的汇报。人物从左至右为：李富春、彭真、周恩来、毛泽东、刘少奇、邓小平、薄一波、刘杰、钱三强、李四光（图为场景复原，来源于《核梦璀璨——我国核工业第一批厂矿照片集》，王寿君主编，中国原子能出版社，2018年5月版）

没有拍摄照片。上图是后人根据当年会议情景制作的蜡像，人物及场面十分逼真。在此次绝密会议上，毛主席指出："这件事总是要抓的，现在是时候了，该抓了。"

发展原子能事业必须要有人才。中华人民共和国成立初期，国内各大学都没有开设核技术专业，直至20世纪50年代后期才开始在清华大学、上海交通大学和哈尔滨军事工程学院创建核技术专业。到20世纪60年代，我国才逐步培养出自己的核技术专业学生。

结缘核动力

1956年5月的一天，彭士禄正在莫斯科化工机械学院准备大学毕业论文答辩和回国事宜，他急切地盼望能早日学成回国，去报效祖国和养育他长大的纯朴百姓们。此时，正在苏联访问的国防部副部长陈赓将他召到大使馆，告诉他，中央决定选一批留学生改行学习原子能核动力专业，并问他："你愿意改行吗？"彭士禄坚定地回答："当然愿意，只要祖国需要。"随后，彭士禄、阮可强、华戈旦、韩铎、董茵5名最优秀的中国留学生和从国内经培训挑选的35名优秀大学毕业生一起，被派往莫斯科动力学院核动力专业进修深造，分四个专业进行学习，即核反应堆、铀同位素分离、核材料及自动控制。彭士禄担任莫斯科动力学院中国留学生中共党支部负责人。

1957年11月17日，毛泽东主席率领中国代表团在莫斯科参加十月革命40周年庆祝典礼后，接见了中国留苏学生代表。

毛主席发表了著名的讲话："世界是你们的，也是我们的，但归根结底是你们的。你们青年人朝气蓬勃，正在兴旺时期，好像早晨八九点钟的太阳。中国的前途是你们的，世界的前途是你们的，希望寄托在你们身上……"大厅里不时响起一阵又一阵经久不息的掌声。

1957年11月17日，毛泽东主席在莫斯科大学礼堂接见了中国留苏学生代表（来源于《岁月如歌》，单刚、王英辉编著，中央编译出版社，2007年11月版）

毛主席等党和国家领导人的接见、讲话鼓舞着彭士禄等留苏学子，成为他们前进的强大动力。如今回想起来，他们认为，毛主席的话给予他们的精神动力是难以估量的。因为他们知道，这不仅仅是毛主席的鼓励，也是祖国人民的重托。

这一代留学生后来都成为中国核能领域卓越的科学家，他们没有辜负党和祖国人民的培养和期望。他们饱含着对祖国母亲的热爱，学成后义无反顾地回到百业待兴的祖国，投身于中华人民共和国建设的伟大事业中。在全国政治、经济、科技、军事、文教等各个领域中，在机关、团体、科研院所、学校等不同部门中，从喧闹的城市到偏僻的山村，从

毛主席接见留苏学生代表（来源于《岁月如歌》，单刚、王英辉编著，中央编译出版社，2007 年 11 月版）

黄沙茫茫的戈壁大漠到海岛边疆……都留下了他们艰苦创业的足迹和辛勤的汗水。为中华民族的崛起昌盛，为祖国的繁荣富强，他们勤勤恳恳、兢兢业业地奋斗了一辈子。

彭士禄回忆那段难忘的岁月时感慨万分，“留苏期间，我们从未在晚上 12 点以前就寝过，我们要学的东西太多了，一头扎进去，就像沙漠中的行人看见了湖泊那样。当时，那种奋进不息、为祖国夺取知识制高点的心情是难以用语言描述的”。“是我们的党和老百姓给了我战胜困难、接受任何考验的动力和勇气。没有党，没有老百姓，就没有我的一切，更没有我的今天。我要为党的事业奋斗终生”！

旷世情缘

留苏时的马淑英

1953 年秋季的一天，作为中国驻喀山城留苏学生党支部书记和学生会主席的彭士禄，突然接到一封来自中国驻苏大使馆的电报，让他到车站去接一位名叫马淑英的中国女留学生。

正是这次接站，点燃了彭士禄和马淑英的爱情之火。

1952 年，马淑英毕业于长春市吉林省立长春中学，因学习成绩优异被保送到留苏预备部，学习俄语一年，并于 1953 年 8 月被派往苏联留学。

彭士禄与马淑英于莫斯科红场留影

马淑英于莫斯科红场留影

马淑英被分配在喀山化工学院有机系的一个班级里。这个班只有她一个留学生，其他都是苏联学生。因为她年纪小，长得又娇小，生性聪慧，苏联同学们对她都非常热情、友好。其他系的中国留学生也都对她很关心。她不仅学习好，俄语也讲得好，而且还能歌善舞，可谓是品德与才貌俱全，很快她就成为许多男生关注的焦点。

在此期间，彭士禄常与马淑英在图书馆的红角看书，并找机会多与她接触。彭士禄已从心底喜欢上了这位美丽聪慧、思想单纯、积极进步的中国东北小姑娘，还为她取了一个美丽的俄语名字——玛莎。

一位是革命烈士的后代，一位是温婉普通的平凡女子，彭士禄、马淑英真诚、淳朴、热烈地相爱了。这对在异国他乡从相遇、相识到相爱整整经历了 5 年的有情人，终于在 1958 年回国后，在北京喜结连理。

1958 年，彭士禄与马淑英的结婚照

许多年过去了，爱情的力量始终是彭士禄和马淑英事业前进的动力。他们在事业上相互鼓励，相互支持；在生活上相互关心，相互照顾，相濡以沫，相依相伴。美丽的玛莎为了支持心爱丈夫的事业，毅然放弃了自己深爱着的教育事业，跟着丈夫举家迁入西南某大山沟里干起了核科技工作。她参与并见证了中国第一代核潜艇动力装置反应堆启动和达到满功率的全过程。她是丈夫身后真正的无名英雄。

1965 年 8 月 1 日，马淑英（二排左四）与其执教的北京化工学院毕业生合影

当年在北京化工学院担任教师时，马淑英讲课出色，在学校是出了名的，因此深受校领导的赏识、学生们的喜爱和尊敬。

马淑英（右一）与北京化工大学老同事合影

1999 年，彭士禄夫妇合影

得知马淑英老师要离开北京化工学院跟随彭士禄奔赴祖国的大三线，学生们十分舍不得马老师。离别之时，很多学生都来给这位像妈妈一样可亲可敬又美丽可爱的老师送行：“马老师，您能不能不走，继续给我们讲课呀！”学生们哭着跟她拥抱，久久不肯放手。“如果当初她不离开学院，那么，她一定会成为北京化工学院最优秀的院长。”当年北京化工学院的老院长深情地回忆说。

2001 年，彭士禄夫妇合影

彭士禄小时候很内向，不善言

2007 年，彭士禄夫妇合影

谈，语文成绩不好。玛莎的出现，改变了他内向的性格，使他变得乐观开朗。有一天早晨，马淑英看彭士禄在发愣，便问："你在想什么？"他说："想我的第一夫人。"马淑英说："哦，想我啊！"彭士禄马上说："不，我的第一夫人是核动力。"马淑英说："好，为这个我让。第二夫人该是我了吧？"彭士禄笑着说："第二夫人是烟酒茶，第三夫人才是你。"马淑英拧了他一把说："我是第三夫人？不干，太不公平了！"彭士禄马上说："好好好，小玛莎升为第二夫人！你对我的事业没说的。"于是，彭士禄有三位"夫人"的故事由此传开了。

半个多世纪后，耄耋之年的彭士禄深情地说："我要感谢玛莎，谢谢她对我一生的爱！"

2001 年，彭士禄夫妇合影

马淑英深知，尽管几十年风雨相伴，事业总是丈夫的第一生命，而爱情是无法与之竞争的。他们的过去已经深深地储存在了她的脑海中，时间无法抹去那美好的记忆。回忆过去时，她的内心总是充满幸福。

这对科学家夫妇的爱情，不仅有碧桃花下、新月如钩、时光徜徉的浪漫，更融合了两人心有灵犀的默契与坚守。共同的信仰与追求，志同道合的执着精神，成就了他们可遇不可求的旷世情缘。

1999 年，彭士禄夫妇在上海龙华彭湃烈士墓前

1999 年，彭士禄夫妇在彭湃烈士铜像前留影

核潜艇，是20世纪50年代中期出现的最为先进的水下武器，是国家展示海洋军事力量的秘密“杀手锏”。因此，只有拥有核潜艇，特别是拥有弹道导弹核潜艇的国家，才称得上是具备战略核反击能力的国家。

中华人民共和国成立初期，在一穷二白的情况下，核潜艇工程第二次上马后，我国依靠自己的力量，只用了短短6年时间，就奇迹般地造出了自己的核潜艇，成为继美、苏、英、法后第五个拥有核潜艇的国家。这项辉煌的成就，极大地振奋了国人，震惊了世界！

第四章

砥砺研制核潜艇

归国

1958 年 5 月，彭士禄以优异的成绩从苏联学成归国。

回国伊始，彭士禄被分配到第二机械工业部（简称“二机部”）原子能研究所从事屏蔽堆研发工作，获批技术六级工程师，兼任俄语翻译。

1958 年 5 月 31 日，中央批准二机部上报的核工业第一批重点厂矿选址方案。从这一天起，中国核工业历史上著名的二七二厂、二〇二厂、五〇四厂、四〇四厂和七一一矿、七一二矿、七一三矿等，正式宣告建设。数月后，在那神秘而遥远的金银滩，中国第一个核武器研制基地（221 基地）的建设篇章由此揭开。至此，中国核工业人开始创建我国完整的核工业产业链，以“壮国威、扬军威”为神圣使命拉开了强国强军、辉煌创业的序幕。此时的彭士禄，为了发挥自己的专业所长，主动放弃在城市中相对优越的工作和生活条件，奔赴祖国大西北，参加我国第一座浓缩铀生产工厂（代号五〇四厂）的筹备建设工作。

五〇四厂区原始地貌

1958 年建成的五〇四厂铁路、公路两用黄河铁桥

从 1958 年 6 月中下旬到 10 月，彭士禄在五〇四厂秘密从事机械动力方面的科研工作。

到五〇四厂伊始，彭士禄主要从事有关铀同位素分离俄文版理论研究资料的翻译工作。由于工作内容需要严格保密，当时，在这里工作的许多人，都不清楚自己所从事的是原子弹事业，“上不告父母，下不告妻儿”，更没有人知道彭士禄是英烈彭湃的儿子。在这个神秘的禁区里，大家都以为这个三十岁出头的小伙子是从北京来这里出差的普通翻译。在这个与世隔绝的保密禁区里默默工作仅 4 个月，还没来得及与周围的同志熟络起来，彭士禄就接到一个更为绝密的任务：研制中国第一艘核潜艇！

彭士禄与五〇四的故事，似乎只有这样短暂的交集，但他的核动力情缘由此开始……

潜心研制

1958 年 6 月 27 日，聂荣臻元帅向国务院和中共中央提交了《关于开展研制导弹原子潜艇的报告》，这份标有“绝密”字样的报告经中央领导逐级批准后，中国核潜艇的研制被列为中央专委的重点项目。

在决定研制核潜艇的初期，中国曾把希望寄托在苏联的技术转让和援助上。但在 1957 年 10 月，中苏国防新技术协定谈判时，苏联就拒绝向中国提供研制核潜艇的任何资料。

经毛主席和党中央批准的《关于开展研制导弹原子潜艇的报告》提出：原子动力堆由二机部负责。二机部把这项任务交给原子能研究所完成，原子能研究所设立了潜艇核动力装置的专门研究机构。由于核潜艇研制技术要比铀浓缩技术复杂尖端得多，因而，在当时的历史背景下，

中国核潜艇出航

革命后代彭士禄是最可靠的人选之一！就这样，彭士禄又从五〇四厂秘密回到原子能研究所，承担起研制我国第一艘核潜艇的神圣使命。在原子能研究所所长钱三强，副所长彭桓武、李毅的领导下，连培生、屈志潜、赵仁恺、彭士禄、李乐福、韩铎等 200 多人开始了潜艇核动力技术攻关的征程。

然而，中国核潜艇研制刚刚起步就遭遇国际技术封锁，举步维艰。

1959 年，赫鲁晓夫访华，周恩来总理和聂荣臻副总理同他谈话时，再次提出核潜艇的技术援助问题，可赫鲁晓夫却说："核潜艇技术复杂，你们搞不了，花钱太多，你们不要搞。"毛主席听说后，十分坚定地表示："核潜艇，一万年也要搞出来！"

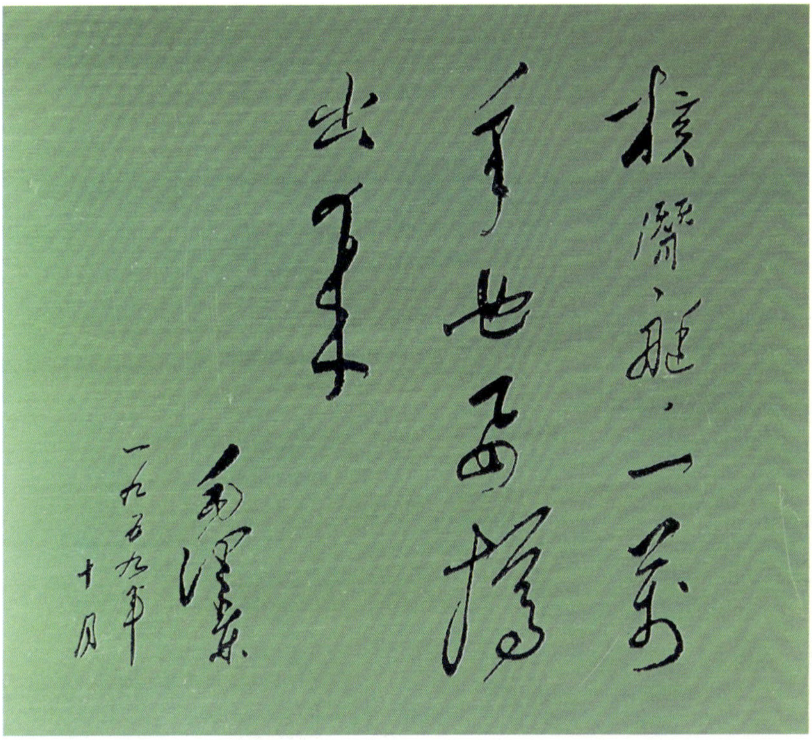

核潜艇总装厂用毛主席所写的草书组合成的"核潜艇，一万年也要搞出来"字牌

中国潜艇核动力的研制，从 1958 年秋立项开始，到 1970 年 8 月陆上模式堆建成达到满功率止，历经 12 年。1970 年 12 月 26 日建成核潜艇下水，1974 年 8 月交付海军服役。从此，中国成为世界上第五个有能力自主研制且拥有核潜艇的国家。

中国独立自主、自力更生研制的核潜艇，像条巨鲸游弋在祖国的海疆，它是中国人民智慧和力量的结晶，是全国人民艰苦协作的产物。

1958 年 9 月，二机部决定由核二院和原子能研究所联合组建核动力设计组。办公地点最初设在北京南礼士路 100 号的设计院办公大楼内，现为中核宾馆

成立核动力研究室

1959 年 2 月，核动力设计组迁至原子能研究所重水反应堆厂房第 3 层

当时原子能研究所成立了核动力研究室（即47-1室），彭士禄出任核动力研究室副主任，全面负责核动力的科研工作。该室共50余人，大多是刚从锅炉、化学、物理、自动控制等专业毕业的大学生，除了五六个人懂核动力外，其余的完全不姓“核”。怎么办？彭士禄就和其他几位留苏的同事当起了老师，为大家讲授反应堆等5门专业课。两年后，他们都成了核动力的专家，都姓了“核”。

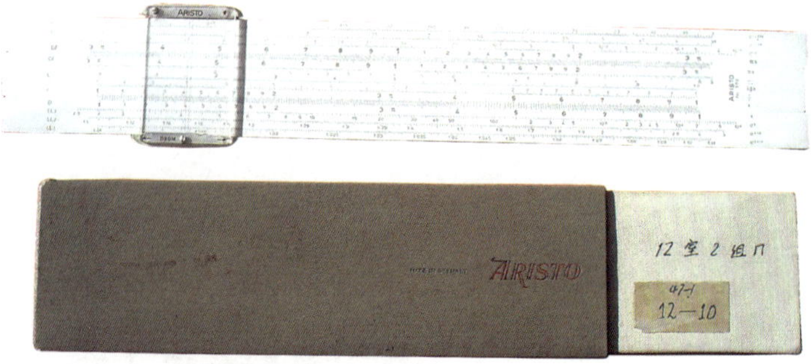

彭士禄使用过的计算尺

每当拿起当年的计算尺，彭士禄总感到仿佛旧友重逢

1962 年 2 月，彭士禄开始主持潜艇核动力装置论证和主要设备前期开发的工作。恰逢三年困难时期过后，物资供应匮乏，生活极其艰苦。中国在核潜艇建造方面所掌握的知识近乎为零，在这种状态下搞核潜艇，全靠四个字“自教自学”。彭士禄手里的资料仅 5 张照片—— 5 张模糊不清的外国核潜艇照片和中国外交官在国外逛商店时买回来的核潜艇儿童玩具。可是，核潜艇的核心究竟是什么？

核潜艇儿童玩具

彭士禄深知，研制核潜艇仅凭一腔热血是不够的，这里需要把自己和别人已有的经验和技能进行转化，同时吸收新的知识。根据原子能研究所党委提出的“坐下来，钻进去，入了迷”的要求，彭士禄针对全室大多数人只会俄语不会英语，而外文资料又大多为英语的状况，组织大家进行英语学习。大家每天早晨 5 点多就起床背英语单词，甚至上厕所时也在背，夜深了还要背几遍新学的单词才去就寝……这样边学英语，边看与各自专业有关的英语资料，两年后全室基本上过了英语阅读关。

中国科技大学兼职教授

彭士禄当年使用的教科书

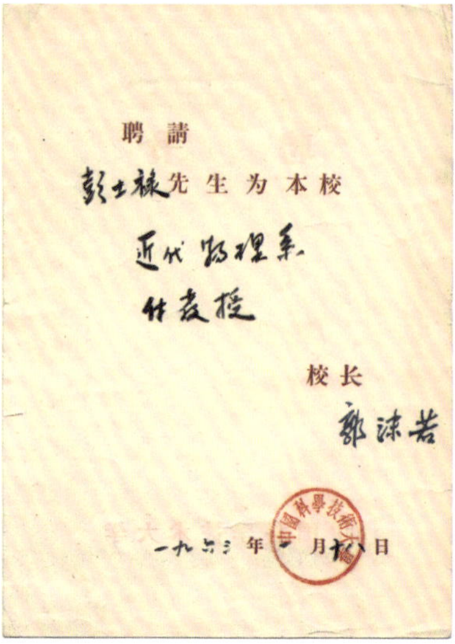

中国科技大学副教授聘书

20 世纪 60 年代的中国，仅在清华大学、中国科技大学、上海交通大学等少数几所大学设置了原子能专业。然而，即使设置了该专业，师资方面仍旧匮乏。所以，集中了我国原子能专业人才的原子能研究所的许多专家和青年知识分子都被聘请到这些大学里当兼职教授。

当时的原子能研究所归二机部和中国科学院双重领导。时任中国科学院院长兼中国科技大学校长的郭沫若聘请彭士禄为副教授，请他到中国科技大学讲授反应堆理论、热工水力等课程。

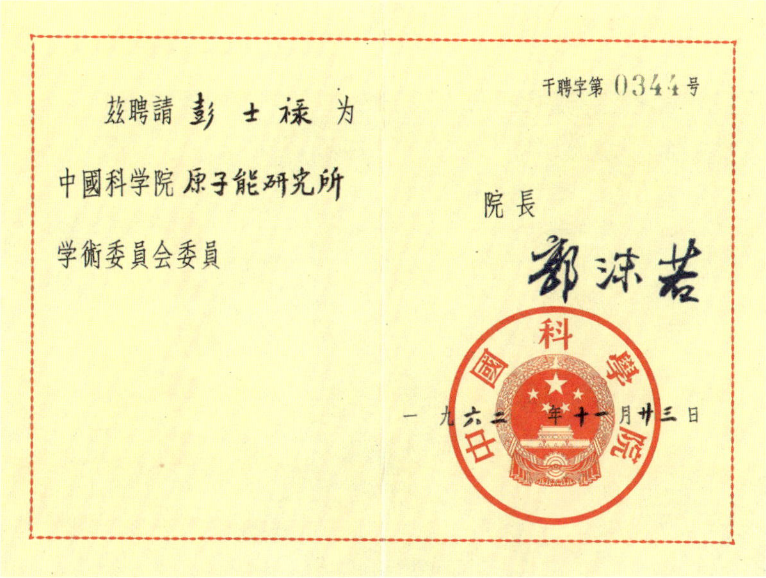

干聘字第 0344 号

兹聘請 彭士禄 为

中國科学院 原子能研究所

学術委員会委員

院長

郭沫若

一九六二年十一月廿三日

中国科学院原子能研究所学术委员会委员聘书

彭士禄及核动力研究室的其他专家常常在中国科技大学讲课。彭士禄主要讲授核动力专业课程，共计 200 多个学时。其他专家主要讲授物理、自动控制等课程。在中国科技大学授课的两年，教材都是专家们自己编的。可以说，原子能研究所的科技人员对于中国科技大学核专业的人才培养起到了重要作用。

彭士禄自编的教材

核能专家给学生们授课（中央电视台《国家记忆》栏目组提供）

“那时的课堂气氛非常活跃。彭士禄老师要求我们要勤奋好学，善于钻研，善于思考。要学习、学习、再学习，思考、思考、再思考……要像爱自己的老婆一样爱自己的书本……他充满智慧、幽默的鼓励，使我们受益终生。”彭士禄当年的学生，如今已成为出色的核能专家的郝东秦回忆道。这些受教于彭士禄的学生们，就是中国核潜艇工程的种子！那时，他们唯一的愿望就是尽快渡过这段暂时的困难时期，努力创造条件，积蓄力量，争取早日掌握制造核潜艇这一尖端技术 。

潜心研究核动力装置

1961 年，为了贯彻中共中央提出对国民经济实行“调整、巩固、充实、提高”八字方针，国家国防尖端工程必须缩短战线，集中力量搞一些最需要、最尖端的项目。所以，中央作出决定，先攻克原子弹和导弹，核潜艇列入调整项目，只保留少数骨干力量从事调研核动力装置的核心项目，为重新上马做准备。1963 年 6 月，海军和二机部联合提出将原子能研究所 47-1 室与国防部第七研究院某研究室合并，建立两家共管、建制在七院的舰船动力研究所，即七院 15 所（简称“715 所”）。1963 年 8 月，中央专委批准了海军和二机部的联合报告。彭士禄随之在 715 所任副总工程师、副所长，并于 1964 年 1 月 18 日穿上军装，被授予技术中校军衔。

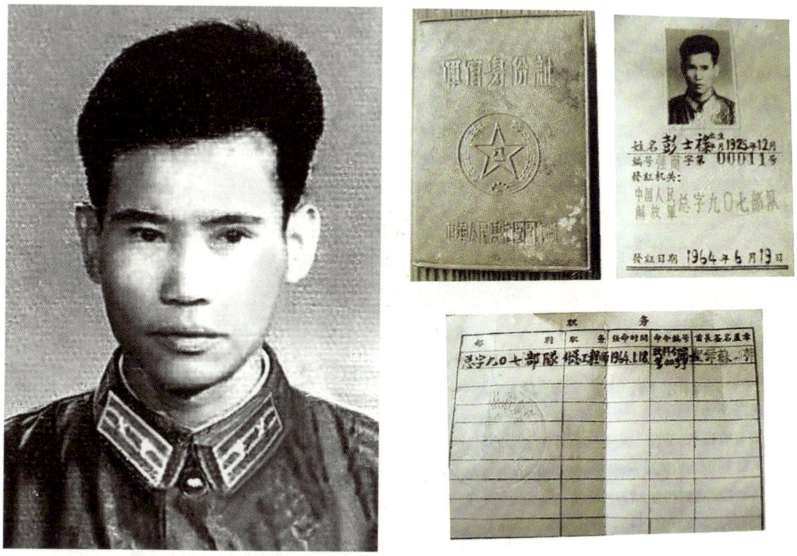

1964 年 1 月 18 日，彭士禄被授予技术中校军衔证书及证件照片

1964 年 10 月 16 日，中国第一颗原子弹爆炸成功。

彭士禄院士（左）与赵仁恺院士（右）留影

在中国第一颗原子弹爆炸成功后，1965 年，核潜艇研制工程终于重新上马。中央决定，由第二机械工业部负责重新研制潜艇核动力装置，715 所划归二机部领导，彭士禄担任核潜艇动力研究室副主任兼副总工程师。与此同时，中国潜艇核动力研究工作奠基人之一的赵仁恺，在完成了第一颗原子弹生产原料等科研任务后被调到这里，担任副总工程师。从此，这两位研究潜艇核动力的“老总”，成了科研工作上情同手足的伙伴。中国核潜艇的“龙头”系统——核动力装置的研制工作，在他们的带领下全面展开了。

1965 年，彭士禄（前排中）与核动力基地科技人员在北京留影

彭士禄四处走访权威专家和有关领导(中央电视台《国家记忆》栏目组提供)

在核潜艇研制工程第二次上马之前，专家们曾就采用什么堆型产生了非常激烈的争论。彭士禄综合团队意见，翻阅了大量国外资料，并对国内重水堆进行实地考察，经过认真计算、比较，很快地提出一套在陆地上建造模式堆的设想。然而这种设想被一些人从根本上全盘否定，他们力主把反应堆建在艇上，一步到位。彭士禄立即进行反驳：“中国亘古至今没建过核潜艇，核潜艇是何物？陆上模式堆不是仿真机，不是计算机模拟，而是真枪实弹，是完完全全的原子反应堆！”

经过激烈争论和反复论证后，周总理和聂荣臻表了态：为核动力潜艇一次建成试验成功，必须要建立陆上模式堆。这个堆不是试验完成就报废，而是建立了一座核动力装置实验室，用来培养核动力人员和艇员，这个钱不会白花，是划算的。

事实证明，彭士禄的设想是切合实际的。

建设核潜艇
陆上模式堆

搞原子反应堆核动力试验，就是搞陆上原子模式堆。它主要是为核潜艇原子动力堆的试验和模拟服务，即先在陆地上按照核潜艇在海上的航行状况做模拟试验，完成陆上模拟、定型之后，核反应堆就可以一模一样地加以复制，装在潜艇上。

下图所示的盘踞在山坳里的这片厂房，就是当年的核潜艇陆上模式堆的诞生地。

当年陆上模式堆厂房远景

彭士禄与赵仁恺在基地合影

1965年夏，在二机部部长刘杰、副部长钱三强为核动力研究所选定的三线基地上，时任核动力研究所所长周圣洋、政委苏平决定，由彭士禄、赵仁恺带领我国第一座陆上模式堆设计队，开始在这个荒无人烟的深山老林中建设我国的核动力试验基地和陆上模式堆。经过3年多的奋斗，他们建立了一个大庆式的试验基地。

1969 年初秋，彭士禄带领队伍开进了这片峡谷，他和战友们在这里留下了数不清的足迹。

当年的干打垒住房

1998 年，彭士禄夫妇回访基地时，在当时的干打垒宿舍前留影

彭士禄在基地的旧居

基地早期实验室现场外景

基地初建时，人们住的是用河泥和一块一块的鹅卵石垒起来的干打垒，吃的是山上采来的野菜、蘑菇，睡的是铺着几条草袋子的木板床，烧饭没有铁锅，用的是陶土做成的坛坛罐罐，走的是多雨山区的泥泞路。怀孕的女职工，若能找到一个被遗弃的茅厕当屋就知足了。

这些三线的战士们，生活上吃的是极大的苦，工作上干的是极重要的事。

基地草棚食堂

许多年以后，彭士禄夫妇（左二、左三）再次回到基地，看望当年照顾他们一双儿女的老同事，并与他们促膝长谈

为了加快进度，彭士禄和夫人马淑英把整个身心都扑在模式堆上，将家中只有 10 岁的儿子和 8 岁的女儿托邻里照管。有一天，女儿突患急性肝炎住进了医院，而日夜拼搏在核动力堆上的彭士禄夫妇却没能守护，女儿只能住在医院被隔离在一个简陋的木板房间里，孤独地与从房缝里洒进来的月光对话。就在同一时间，儿子因药物中毒也被邻居和小伙伴送进医院。兄妹二人住在同一家医院里，一个在一楼，一个在二楼。他们没有父母的陪伴，只能独自与疾病做斗争。但他们没有哭闹，这是一对多么懂事的儿女！

1966 年，“文革”开始，许多工厂科研单位陷入混乱，陆上核动力装置工程项目也受到影响，进度极为缓慢，甚至面临中断的危险。此时，距中央指定完成运行的日期只剩下短短的 20 个月！厂房建设、艇舱建设、设备安装、单机单系统调试、综合联调、物理启动等，都要在 20 个月内完成。时间紧、形势急、任务重，压得人喘不过气来。

“特别公函”

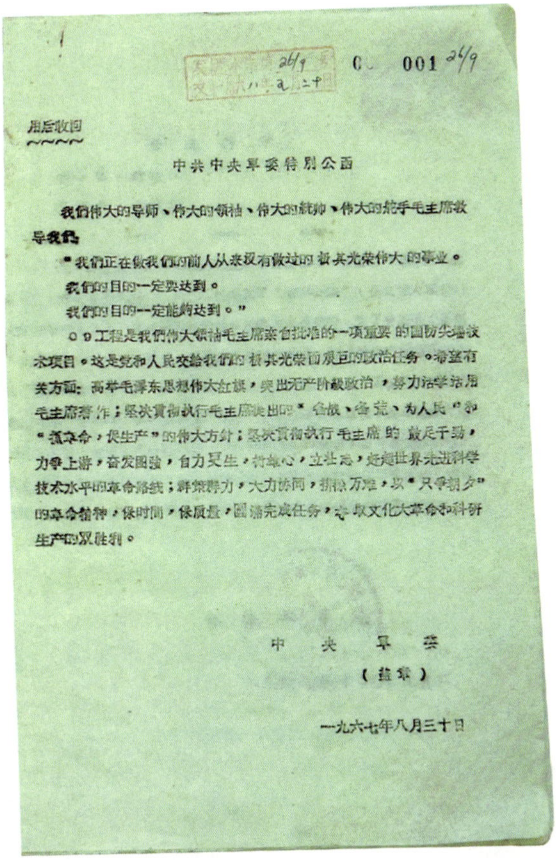
C 001 26/9

用后收回

中共中央军委特别公函

我們偉大的导师、偉大的領袖、偉大的統帅、偉大的舵手毛主席教导我們：

“我們正在做我們的前人从来没有做过的极其光荣偉大的事业。

我們的目的一定要达到。

我們的目的一定能够达到。”

○９工程是我們偉大領袖毛主席亲自批准的一項重要的国防尖端技术项目。这是党和人民交給我們的极其光荣而艰巨的政治任务。希望有关方面：高举毛泽东思想偉大红旗，突出无产阶级政治，努力活学活用毛主席著作；坚决貫彻执行毛主席提出的“备战、备荒、为人民”和“抓革命，促生产”的偉大方針；坚决貫彻执行毛主席的鼓足干劲，力争上游，奋发图強，自力更生，树雄心，立壮志，赶超世界先进科学技术水平的革命路线；群策群力，大力协同，排除万难，以“只争朝夕”的革命精神，保时間，保质量，圆满完成任务，夺取文化大革命和科研生产的双胜利。

中央军委

（盖章）

一九六七年八月三十日

1967 年 8 月 30 日，中央军委为保证核潜艇研制工程，紧急向全国有关单位下发的“特别公函”

1967 年 6 月，有关核潜艇研制的秘密会议在北京民族饭店召开。8 月，由中央军委发出的一项关于核潜艇研制的“特别公函”，为核潜艇工程保驾护航。“特别公函”强调，核潜艇是毛主席亲自批准的一项重要的国防尖端技术项目，任何人不得以任何理由冲击核潜艇陆上模式堆研究生产现场，不得以任何借口停工、停产，必须按时、保质、保量完成任务，确保核潜艇工程的研制进度。

有了“特别公函”，彭士禄如获尚方宝剑，在工程指挥部和试验基地军管会的统一部署下，调兵遗将，指挥成千上万名工人、干部、技术人员和解放军战士为夺回失去的时间而日夜奋战。他吃在工地，住在工地，哪里有困难，他就会出现在哪里，在工地上到处都能看见他那瘦小忙碌的身影。

1970 年初，运输核燃料组件的车队到达基地现场

施工建设高潮

坦荡昭日月，正声逆狂澜。彭士禄感慨地说：“这是特殊年代的一场特殊战役。为使核潜艇搞成功，中央有决心，周总理亲自抓，聂老总冲锋陷阵，我们做好具体工作。”这一年，彭士禄被任命为核潜艇陆上模式堆基地总工程师、技术负责人。

为了进一步打开局面，1968 年 7 月 18 日，毛泽东主席又签发文件派出解放军支援核潜艇陆上模式堆的建设工作，大大加快了施工进度。

随后，全国各有关工业部门、高等院校和各省市相关部门积极采取措施，抓紧完成各自承担的科研工作和设备、材料的试制任务。在施工现场，解放军指战员、工人和技术人员共 8000 多名同志深受鼓舞，怀着为现代化国防做贡献的光荣感和责任感，在“赛革命、赛团结、赛进步”的口号下，战胜了山高、闷热、多雨等困难，“革命加拼命”，不分昼夜地忘我劳动。

1969 年，基地部分工程建设者合影

1970 年初，运输核燃料组件抵达基地现场

1969 年 10 月，核动力装置大厅进入安装阶段，工人、技术人员们仅用了半年时间就将近万台（件）的设备、管道、电缆，全部安装到位。经过一年时间的抢建，物理、热工水力、结构力学、化学、腐蚀材料、自动控制、仪表等十几个实验室也建成了，紧接着进入了试验运行阶段。

当时“文革”风暴尚未过去，彭士禄百折不挠，满怀激情，在内部的一次会议上大声疾呼：“研制核潜艇是我们现在最大的政治！”与会的人们都惊呆了，会后，他们悄悄告诉了彭士禄的妻子：“这样的话他都敢说，就不怕有人检举揭发啊！真是胆大啊！”正是他的“大胆”，使他在艰难险阻中不断取得突破，解决了一个个难题，开创了核潜艇制造的新纪元。

彭士禄（中）在工厂调研

20 世纪 60 年代末至 70 年代初，核潜艇陆上模式堆建设是在争论中摸索着进行的。因为当时任总设计师的彭士禄敢拿主意，人们都管他叫“彭大胆”“彭拍板”！听到这两个称呼，彭士禄总是哈哈大笑：“我胆子是大，敢做决定，但我是有根据的。”彭士禄的根据就是数据，而且他坚信只有第一手数据才是可信的。他对大家说：“所有的数据我都是自己算的，错了，我负责；对了，功劳是大家的！”当时曾有人善意地提醒彭士禄拍板太多，当心拍错了。彭士禄笑着说：“关键时候不拍板怎么行，拍错了我负责，要砍头砍我的，要坐牢我去坐，陆上模式堆搞出来后，可以给我提一万条意见……”陆上模式堆工程和第一代核潜艇研制中遇到了不知多少重大技术难题，都是在彭士禄的带领下解决的。

彭士禄敢于负责任地拍板，是因为他心中有数。对于一些试验数据，他都要亲自计算。他敢于拍板的底气源自“四个要”：一是概念要清楚，二是定义要确切，三是数据要准确，四是给国家争气要无私无畏。

陆上模式堆启动

1970 年 7 月 18 日，是一个不寻常的日子，我国自主设计制造的第一座核潜艇陆上模式堆将于 18 时开始升温升压。

这是一次历史性的试验，也是一场惊心动魄的试验。

而为了这次历史性的启堆，1970 年 7 月 15 日召开了中国核潜艇工程史上著名的中央专委会第十三次会议。周恩来总理主持了这次“历史性会议”。会议的目的是为了创造奇迹：中国第一座核潜艇反应堆成功启堆运行。

1970 年 4 月，陆上模式堆厂房外景

1970 年 4 月，陆上模式堆压力容器安装现场

1970 年 4 月，陆上模式堆装堆现场

7 月 15 日下午，周恩来、聂荣臻、叶剑英等在人民大会堂福建厅听取彭士禄等人对核潜艇研制工作的专题汇报。周恩来听得非常仔细，他指出：“你们说已经过了设计、设备制造、安装、调试四大关，还有一个试验关，要注意不要说百分之百都有把握了，哪一个环节不加注意，试验都要出问题。”汇报结束，周恩来特意握着彭士禄的手说：“小彭，记住，你姓彭，你是海丰人，永远不要改姓换名！”这就是我们的总理，共和国的总理，为了启堆安全和一次成功，他殚精竭虑，熬尽心血。

1970 年 7 月 17 日，周总理通宵达旦不断询问核潜艇陆上模式堆测试情况（模拟情景油画，现保存在中国核动力科技馆）

离 1970 年 7 月 18 日 18 时越来越近了，试验即将开始。

人们激动殷切地期盼着……

人们焦虑不安地注视着……

在此之前，彭士禄没日没夜地连轴转，把整个身心都扑到了启堆的准备工作中。在最紧张的短短一个月时间里，他瘦了十多斤。他亲自担任模式堆安装突击小组组长，把铺盖卷搬到安装大厅，全身心地把自己融进忘我战斗的人群中。在与艇体一样大小的钢铁巨壳内，他就像一颗铆钉铆在了工地上。吃饭、睡觉、研究、指挥全都在现场。安装大厅彻夜灯火通明，任务的紧迫常常使得他彻夜难眠，他便翻来覆去地“过电影”，思考着还有哪些不周全的地方。对于错综复杂的回路问题，他了如指掌，如繁星闪烁的控制室里，他熟悉每一个操作键钮。即便如此，他还是一个一个仔细地检查，核实无误后才放心。

经过不分昼夜的拼搏，1970 年 7 月 18 日 18 时，核反应堆启堆试验开始。

试验大获全胜

当年，核潜艇陆上模式堆试验伊始，人们只能听到操作员操作、汇报的声音。安安静静的主控机房里，所有人都把心提到了嗓子眼儿。1970 年 8 月 18 日 18 时，核潜艇陆上模式反应堆开始升温升压。就在这天夜里，北京中南海总理办公室，灯光彻夜明亮。周总理通宵达旦地守候在电话机旁，每隔一会儿便打电话询问现场情况。

在当时基地的指挥所里，有两台老式电话机可以直通中南海。彭士禄就是用这两台电话机随时向周总理汇报情况。现在，这两台电话机保存在中国核动力科技馆。

8 月 30 日，反应堆主机达到了满功率指标，18 时 30 分，启堆试验的指挥长含着热泪宣布：核潜艇主机达到满功率转数，相应反应堆的功率达 99%，核反应堆顺利达到满功率！

基地的指挥所里两台直通中南海的老式电话机

20 世纪 70 年代初，陆上模式堆控制室

1970 年，纪念“七一八”批示两周年的搪瓷缸

“我们成功了！我们成功了！”人们尽情地欢呼着。而此时的彭士禄却一屁股坐在椅子上，沉重的眼帘垂了下来。他的头靠在椅背上，颤抖的手费力地摸出一包烟，拿出一支点燃，一口气就把一支烟吸掉了半截。

这意味着，中华人民共和国第一艘核潜艇的心脏——核动力终于开始跳动了！核潜艇下水的日子指日可待！这一天，大家欣喜若狂，放鞭炮庆祝，而总设计师彭士禄却回到屋里闷头睡大觉——在这之前，他已经连续五天五夜没有好好睡一觉了。

几天后，隐藏在西南大山深处的核潜艇小组举行了庆功宴。在庆功宴上，彭士禄是举碗必干，那天晚上，他至少喝了一斤酒。那一刻，彭士禄的心情是复杂的，他为核潜艇研制取得突破性进展而自豪，对家人却感到深深的内疚！妻子马淑英本是一名大学教授，为了支持他的工作，同他一起来到常年潮湿的山沟里，其间，他们 8 岁的女儿突患肝炎，10 岁的儿子被玻璃扎破脚底，缝了 11 针，夫妻俩都不能照顾孩子。他自己的身体，也渐渐出现了严重的问题。

美丽的山川记住了彭士禄这个有些邋遢的形象，大地没有忘记他留在这里的一行行脚印。如今，我们的核动力潜艇在大洋深处航行时，人们是否还记得彭总设计师当初的付出呢？

在庆功宴上，彭士禄举杯畅饮

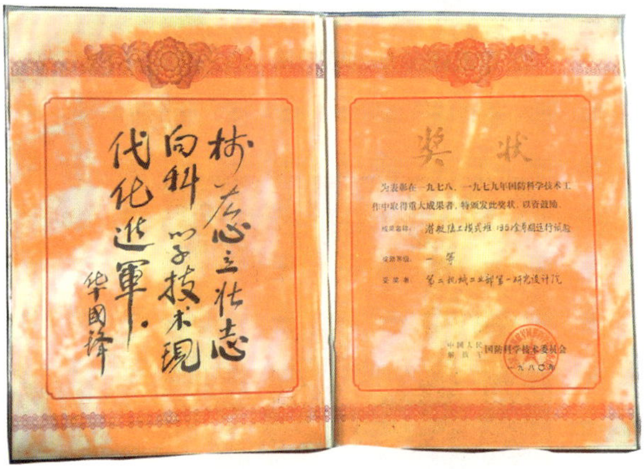

“潜艇陆上模式堆（196）全寿期运行试验”荣获1978年“全国科学大会奖”和1980年“国防科学技术委员会科技奖”一等奖。图为潜艇陆上模式堆所获得的科技一等奖的证书

祖国没有忘记，人民没有忘记与中国核潜艇、核电事业相伴一生的彭士禄。

1985年，彭士禄荣获“国家科学技术进步奖”特等奖，这是一份沉甸甸的大奖。这是国务院设立的国家科学技术奖五大奖项之一。获奖项目是“我国第一代核潜艇的研究设计”，获奖者是彭士禄，而奖励等级则是“特等”。证书号尾号数字“1”，表示在我国第一代核潜艇的研究设计中，彭士禄是第一完成人！

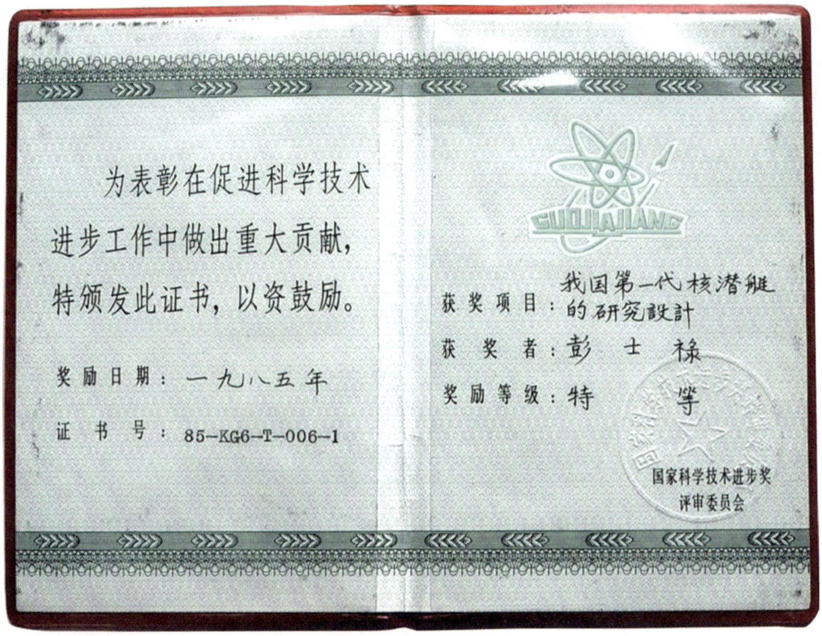

1985 年，彭士禄荣获“国家科学技术进步奖”特等奖证书

周恩来总理直接领导、组织、指挥、决策核潜艇研制的每一重要关键步骤和重大关键问题，他才是真正的中国核潜艇工程总設计师、总指挥。

彭士禄

在纪念周恩来诞辰 120 周年之际，中国核潜艇第一任总设计师彭士禄挥笔写下心中的感言

陆上模式堆退役

1979年12月，陆上模式堆完成了一年的运行总结和反应堆开盖准备后，终于光荣地结束了它的历史使命，永久关闭。1981年反应堆的顶盖被打开，卸除核燃料，随后对反应堆堆芯、压力容器和全部设备进行了全面的检查鉴定。结果证明，经过9年的运行磨损，核动力装置的主设备情况仍然较好，再一次证明第一座潜艇核动力装置的总体设计是成功的。

反应堆开盖卸除核燃料工作是在强放射性的条件下，借助于机械手等专用工具进行远距离操作完成的。反应堆的成功拆除标志着我国摸索出一套核动力退役处置的程序。至此，我国在潜艇核动力领域经历了从核动力反应堆的设计、建造、安装、调试、运行、退役开盖卸料和放射性废物处理的整个试验过程，获得了极为宝贵的经验。

陆上模式堆被拆除后，只留下一座空空的厂房，曾经燃烧着的我国第一座陆上压水型反应堆最终消失，成为永远的记忆。

1979年12月，陆上模式堆退役现场

中国第一艘核潜艇成功下水

20 世纪 70 年代初，彭士禄（右二）和聂力（右三）在工厂检查设备

刚刚完成陆上模式堆的提升功率试验，彭士禄就带领一批技术骨干马不停蹄地赶到某海滨造船厂，开始了第一艘核潜艇的调试任务。

由于陆上核动力装置比艇上核动力装置先行一步，许多问题都在陆上试验中暴露并及时予以解决，为核潜艇的动力装置提供了大量参考依据。所以，仅用了一年时间，彭士禄他们就完成了艇上核动力装置的试验任务。

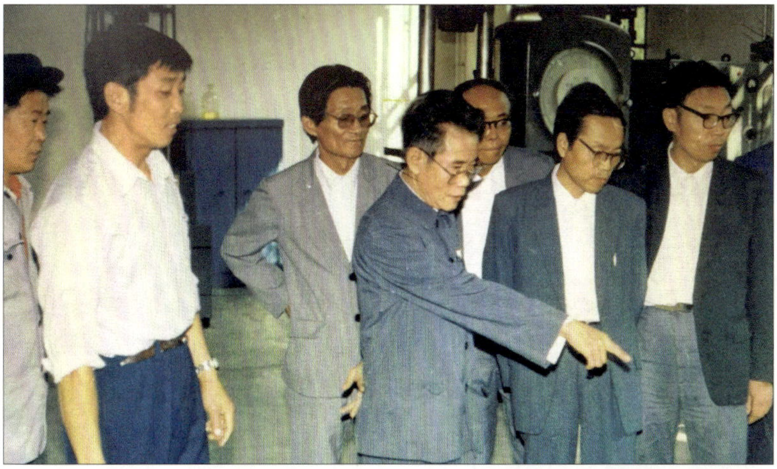

20 世纪 70 年代至 80 年代，彭士禄（中）在核潜艇试验现场指导工作

20 世纪 70 年代至 80 年代，彭士禄每个月都要到核潜艇试验现场，解决试验中遇到的各种重要问题。作为总设计师，彭士禄不仅要解决自己擅长的核动力问题，还要及时解决许多与核潜艇相关的重大项目的技术攻关和技术协调问题，如鱼雷、惯性导航等，为后续艇的建造做出了重大贡献。

常年累月的工作，彭士禄的身体发出了强烈不满的信号。在一次现场调试的紧要关头，他胃疼得厉害，额头上渗出豆大的汗珠，汗水湿透了全身。他被抬到工地医务所，被医生诊断为急性胃穿孔，若不及时处理就有生命危险。领导和同志们焦急万分，立即与北京联系。北京相关单位闻讯后，由海军首长派专机将海军总医院外科主任和麻醉师送到工地，手术立即在工地现场进行。手术时，医生发现他的胃上还有一个已经穿孔又自行愈合的疤痕。医生说："彭士禄的忍耐力太强了！"可彭士禄还是那句老话："不怕死，就死不了！"手术切除了彭士禄四分之三的胃。坚韧的性格锤炼了他的忍耐力，也铸造了其顽强的生命力。手术后第三天，驻地附近发生强烈地震，他被同志们用担架抬出来，送上了回北京的飞机。在海军医院住院仅仅一个月，他就又开始了超负荷的工作。

彭士禄在核潜艇技术讨论会上

1978 年，某所承担导弹核潜艇配套的第二代惯导系统研制任务，所内领导层之间在技术线路上发生重大分歧：一种意见是利用他人的卫星导航系统，不再搞新型惯性导航系统；另一种意见是应该在第一代基础上改进提高，组成以新型惯性导航系统为中心的综合导航系统。两种意见分歧长达一年之久，影响工作推进，最后上交到上级领导裁定。时任中国舰船研究院副院长的彭士禄仔细听取了项目主管的意见，并深入科研生产第一线，对两种意见的利弊进行对比分析，认为第二种意见能较好展现核潜艇长期潜航优势和满足导弹水下发射需求，在技术性能上有充分的把握。最后，他果断决定采纳第二种意见。实践证明，这次拍板完全符合科研规律，又一次体现了彭士禄尊重科学、敢于担当的精神。

1979 年，彭士禄在核潜艇前留影

1979 年，彭士禄被国防科委和国务院国防工业办公室联合任命为中国核潜艇第一任总设计师，赵仁恺、黄纬禄、黄旭华为副总设计师。

在中国的第一艘核潜艇上，没有用外国的一颗螺丝钉！

1988 年 1 月，姑子庙码头，彭士禄（前排左八）参加核动力标准会，并与检查9188 试验准备工作的各位领导、专家合影。前排右四为时任核潜艇副总设计师赵仁恺，前排左七为时任海军司令员张连忠，前排右六为国防科工委副主任陈达植，前排左四为时任中船重工 719 所所长张金麟，二排右一为时任国防科工委核潜艇主管魏兰

1988 年，彭士禄（中）到核潜艇试验现场看望核潜艇试验人员，并与大家合影

1989 年 1 月 24 日，海军核安全专家委员会成立。第一届海军核安全专家委员会全体委员同军委、总部、国家核安全局、有关国防工业部门的领导和海军首长合影。海军核安全专家委员会主任彭士禄（前排右五）、副主任赵仁恺（中排左三），军委首长朱光亚（前排左四），中国核潜艇第二任总设计师黄旭华（中排左一），中国核潜艇第三任总设计师张金麟（中排右四）

海军核安全专家委员会主任彭士禄（前排中）、副主任赵仁恺（前排左四）到核潜艇部队检查工作后合影

406

中国研制第一代核潜艇的四位总设计师：第一任总设计师彭士禄（左二），副总设计师赵仁恺（左一）、黄纬禄（右二）、黄旭华（右一）

彭士禄（中）、黄旭华（右）、张金麟（左）合影

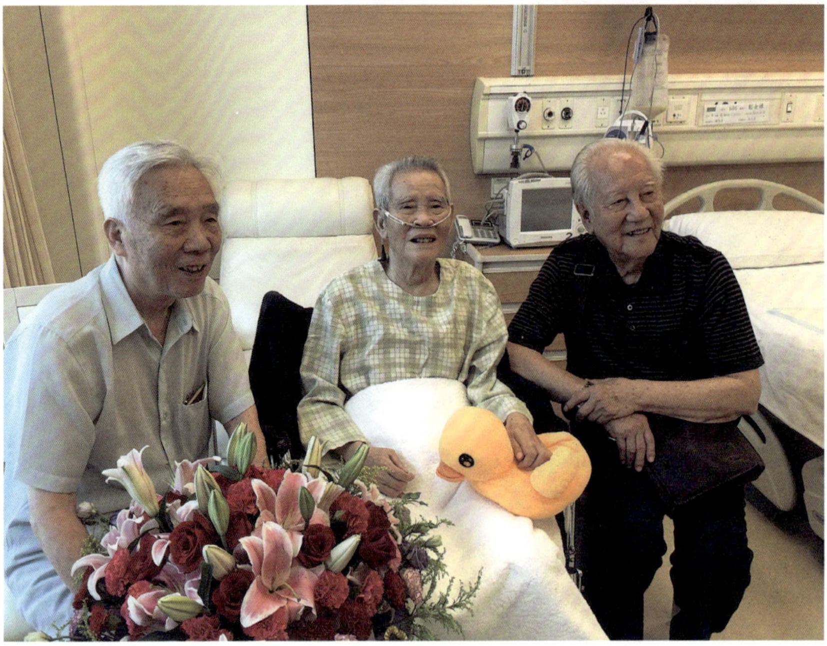

黄旭华（右）和张金麟（左）到医院探望彭士禄时合影

心系困难职工家属

黄海燕（左）与彭士禄（中）合影

工作上，彭士禄一丝不苟、刻苦钻研；生活上，彭士禄对待职工及其家属也非常热情。1979 年 8 月 1 日，某核潜艇制造基地一位 51 岁姓黄的师傅不幸病逝。黄师傅生前曾经是一位参加过解放战争、抗美援朝战争的老战士，在战场上多次负伤，后在船厂工作，身体一直不好。黄师傅的突然离世，对仅有微薄收入的妻子来说好比天塌地陷。一个弱女子，带着 6 个尚未成年的孩子和一位年届七旬的老母亲，一家八口只能靠她微薄的收入艰难度日。黄师傅的妻子整日以泪洗面，一次又一次地去找基地的领导，希望组织上能解决她家庭的困难。然而在计划经济年代，招工指标严格受控，基地领导确实无法给予许诺，只能无奈地对她说:

“等彭士禄部长来基地时，你直接向他诉说好了……”

因工作需要，时任六机部副部长、核潜艇总设计师的彭士禄经常往返核潜艇造船厂。那天，他刚到核潜艇造船厂基地，黄师傅的妻子就迫不及待地找到了他，哭诉困难。彭士禄静静地听完，马上从口袋里掏出自己身上所有的钱，塞到了她的手里，并立刻指示基地领导按特殊情况尽快解决黄师傅大女儿黄海燕的工作问题。为解决黄家的特殊困难，彭士禄与基地几位领导商量后，分别认养了黄家的几个孩子。黄师傅的妻子得知后瞬间泪水奔涌……

从那以后，彭士禄对黄师傅的家人就特别照顾。

有一次，他一个人从基地办公楼出发，手里提着一个大包裹，里面装满了本子、笔等学习用品，还有衣服、水果和补品，步行 2.5 公里，以一位长者和家人的身份，去看望黄师傅年迈的母亲和黄家的一群孩子们。看到彭伯伯累得满头大汗，还拿来这么多礼品，孩子们立刻围拢过来，就像见到了久别的亲人一样。

为了感谢彭部长对黄家人的照顾，黄妈妈特地派大女儿黄海燕去北京当面感谢彭伯伯。

在北京，彭士禄因忙于工作不在家，彭士禄的夫人马淑英把黄海燕接到家中。刚进家门，黄海燕就迫不及待地把一挂用小贝壳编织而成的门帘双手捧给了彭伯母。“这是母亲和我们姐妹从海边捡来的小贝壳，一颗一颗穿制而成的小门帘，礼物虽轻，但每一颗都凝聚着我们全家对彭伯伯的感激之情。伯母您就收下吧！”马淑英高兴地收下了这个礼物。

在北京，马淑英待黄海燕如亲女儿一般：带她游览北京的名胜古迹，带她吃北京烤鸭和很多她从未吃过的美食。离开北京时，马淑英早已给她备好了礼物，还买好了火车票，亲自把她送到了火车站，目送着她踏上归途。在列车开动的那一刻，黄海燕的眼泪禁不住如潮水般流淌了下来。

1984 年 10 月的一天，黄海燕和爱人约定一起去北京旅行结婚。在偌大的北京城，他们举目无亲。这时，他们首先想到的就是去彭伯伯家。当时，他们的彭伯伯又去了外地，马淑英和家人就像见到了好久没有回家的亲人一样，热情地接待了他们。当马淑英知道他们是旅行结婚时，立刻塞给他们300元钱。

时隔20多年，黄海燕（右）带着女儿（左）进京探望彭士禄时合影

黄海燕本来打算住两天就走，可马淑英和家人再三挽留，这一住便是一周。一周里，马淑英给他们讲了很多彭士禄的故事。

后来，因担心给彭伯伯一家再添麻烦，黄海燕就没有再主动联系彭伯伯一家人。2019年，已经60多岁的黄海燕，十分想念她的彭伯伯与淑英伯母，得知彭伯伯已经94岁高龄，身体还很硬朗，而淑英伯母已离开了人世，她悲喜交加，羞愧到无以复加。她立刻带着自己的女儿飞到北京，去探望年事已高的彭伯伯……

这是黄海燕与她的彭士禄伯伯的一段真情往事。往事虽平凡，但让我们深深感受到了彭士禄那颗善良的心，那颗感恩人民的心。正如彭士禄曾经说过的那句话：“我的生命是老百姓用生命和鲜血换来的，我对人民永远感恩！”

世界核潜艇之父的终身遗憾

1982年，国际公认的“世界核潜艇之父”、世界第一艘核潜艇“鹦鹉螺号”总设计师海曼·里科弗到中国访问。他会见了许多我国著名的核动力专家、工程技术人员，但回国登机前，他不无遗憾地说：“就像两颗彗星不相遇，你们的‘真神’没出来……”

里科弗想要见的“真神”，就是中国核潜艇第一任总设计师彭士禄。但里科弗得到的答复是彭士禄外出了。一年后，里科弗患病溘然长逝，留下了终身遗憾。

“世界核潜艇之父”、世界第一艘核潜艇“鹦鹉螺号”总设计师海曼·里科弗

海曼·里科弗（中）在鲟鱼级“684号”核潜艇的操纵控制室里

1957年2月18日，海曼·里科弗在核潜艇反应堆的压力容器里

胡耀邦会见美国退休海军上将里科弗

新华社北京12月21日电 中共中央总书记胡耀邦今天上午在中南海会见美国退休海军上将海曼·里科弗夫妇一行，同他们进行了友好的谈话。

对外友协会长王炳南、中国人民解放军海军司令员刘华清、美国驻中国大使恒安石会见时在座。美国客人是应对外友协邀请于本月16日到达北京的。

胡耀邦同美国退休海军上将海曼·里科弗交谈。 新华社记者摄

一九八二年十二月二十二日“人民日报”

时任中共中央总书记胡耀邦会见美国退休海军上将海曼·里科弗（左）（1982年12月22日《人民日报》）

彭士禄被海曼·里科弗称为“真神”，被外国报刊誉为“中国核潜艇之父”“中国的里科弗”，但彭士禄坚决不同意“之父”的说法。他说，我若为“之父”，那么周恩来总理、聂荣臻元帅是什么呢？成百上千做出卓越贡献的核潜艇设计者、建造者又是什么呢？他在自述中说：“我有幸在‘文革’时参加了中国核潜艇研制的全过程。那时‘老虎’都被赶下山了，只好让‘猴子’称王，所以，我也被抬上‘总师’的宝座。中国核潜艇研制成功绝不是一两个人的功劳，是集体智慧的结晶，没什么‘之父’之说。我充其量就是核潜艇上的一枚螺丝钉……”

彭士禄在中国核潜艇前留影

1970年12月26日，中国第一艘核潜艇下水（中央电视台《国家记忆》栏目组提供）

1974年8月1日，中央军委发布命令，命名当天服役的中国第一艘鱼雷攻击型核潜艇为“长征1号”，正式编入海军序列。88岁高龄的朱德委员长（中）在海军萧劲光司令员（左）和刘道生副司令员（右）的陪同下，乘坐驱逐舰检阅了包括核潜艇在内的海军新型舰艇部队（中央电视台《国家记忆》栏目组提供）

燃烧青春

中国弹道导弹核潜艇（查春明摄影）

国产首艘核潜艇亮相青岛海军博物馆

中国主动曝光两艘攻击型核潜艇

攻击型核潜艇

中国第一代核潜艇扬帆起航

核电是一种经济、安全、可靠、清洁的新能源。在我国第一颗原子弹、氢弹爆炸成功，潜艇核动力装置即将启动之时，我国建设核电站的设想也被提上了议事日程。

彭士禄凭其行业翘楚、领域扛鼎的威望及其高尚的人格魅力，感召 140 名工程师，组成担起中国“核电起步”重任的“国家队”，为中国核电事业的开拓奠基和发展做出了杰出贡献。

第五章

锐意垦荒 拓核电

确定核电站堆型技术路线

在我国第一颗原子弹爆炸成功后，周恩来总理就主张建设核电站，提出我们不能光有“弹”而没有“电”，应从长远考虑解决华东地区用电问题。1970 年 2 月 8 日，上海市组建了核电站工程筹建处，将核电站建设工程定名为“728 工程”，开启了中国新能源盛世华章。

彭士禄与140名工程师一起组成担起中国“核电起步”重任的“国家队”，开山填海，为中国核电事业的开拓发展再次贡献了自己的全部智慧和力量。

核工业部当时抽调核二院总工程师欧阳予到“728工程”主持技术工作，并提出了两个技术方案：一是12.5万千瓦熔盐堆方案，二是以欧阳予为代表的压水堆方案。时值特殊时期，“728工程”由“工宣队”主管，熔盐堆方案最终得到了“工宣队”的支持，于是“728工程”便把力量都集中到熔盐堆上。

“728工程”办公地点最初设在上海市虹漕路29号，即如今的上海核工程研究设计院有限公司办公大楼内（上海核工程研究设计院提供）

上海“728 工程”筹建处赵嘉瑞与党委书记万钧找到彭士禄，请他听取“728 工程”方案汇报。彭士禄答应前往，并于次日上午来到上海 728 院。728 院介绍的是熔盐堆方案，功率为 12.5 万千瓦，以匹配 12.5 万千瓦的水冷发电机。彭士禄当场发表看法，认为该方案的优点是载热体熔盐温度高达 450℃以上，电站热功率也高，达 40% 以上，看来很先进、有气魄，但从实际出发实在不可行。因熔盐熔点高，在常温下是固态，令反应堆启动、停堆、在役检查、维修、设备更换极为困难。他认为熔盐堆方案不可取，应予否定，并建议改用压水堆方案，容量可暂定为 30 万千瓦，因当时国内火电厂单机最大容量也是 30 万千瓦。彭士禄和欧阳予提议采用国际上被大量应用、技术成熟的压水堆方案。针对两种意见，大家在会议上又进行了激烈的争论。最后，大家听取了彭士禄的意见，热烈鼓掌一致赞成改为压水堆方案。

1979 年，时任六机部副部长的彭士禄在办公室工作

20世纪90年代初，彭士禄（左一）和欧阳予（右一）在一起

1974年3月，彭士禄、欧阳予等向周恩来总理及中央专门委员会汇报此事。周总理询问：“图纸搞出来没有，有什么困难，会不会挤掉国家计划？你们的工程要把材料、设备问题都考虑进去，把扩建工厂和工区建设放到工程计划里提出来……”周总理以明察秋毫的洞察力，一针见血地指出：“你们不要想得太美了，搞科研是相当复杂的事，要实事求是，不管什么堆，没有把握就不要轻易上。科学家要讲科学，不要跟有些人学，话不要说得太满，要留有余地……”字字珠玑，字字千钧。这次会议后，经过大量试验和科学论证，确立压水堆为中国发展核电的主力堆型。

1974年3月，彭士禄等人被紧急召进北京向周恩来总理汇报情况（中央电视台《国家记忆》栏目组提供）

随后，建设秦山一期 30 万千瓦压水堆核电站方案被批准，但由于各种原因，直到 1985 年 3 月才开工，1991 年 12 月投产运行。至今，核电站已安全运行 30 个年头。

秦山一期核电站是中国第一座自行设计、建造和运营管理的 30 万千瓦压水堆核电站。秦山核电站的建成发电，结束了中国无核电的历

史，实现了零的突破，标志着“中国核电从这里起步”，被誉为“国之光荣”。秦山核电站的建成，使中国成为继美国、英国、法国、苏联、加拿大、瑞典之后世界上第7个能够自行设计、建造核电站的国家。秦山一期核电站成为中国自力更生和平利用核能的典范。

秦山一期核电站风采

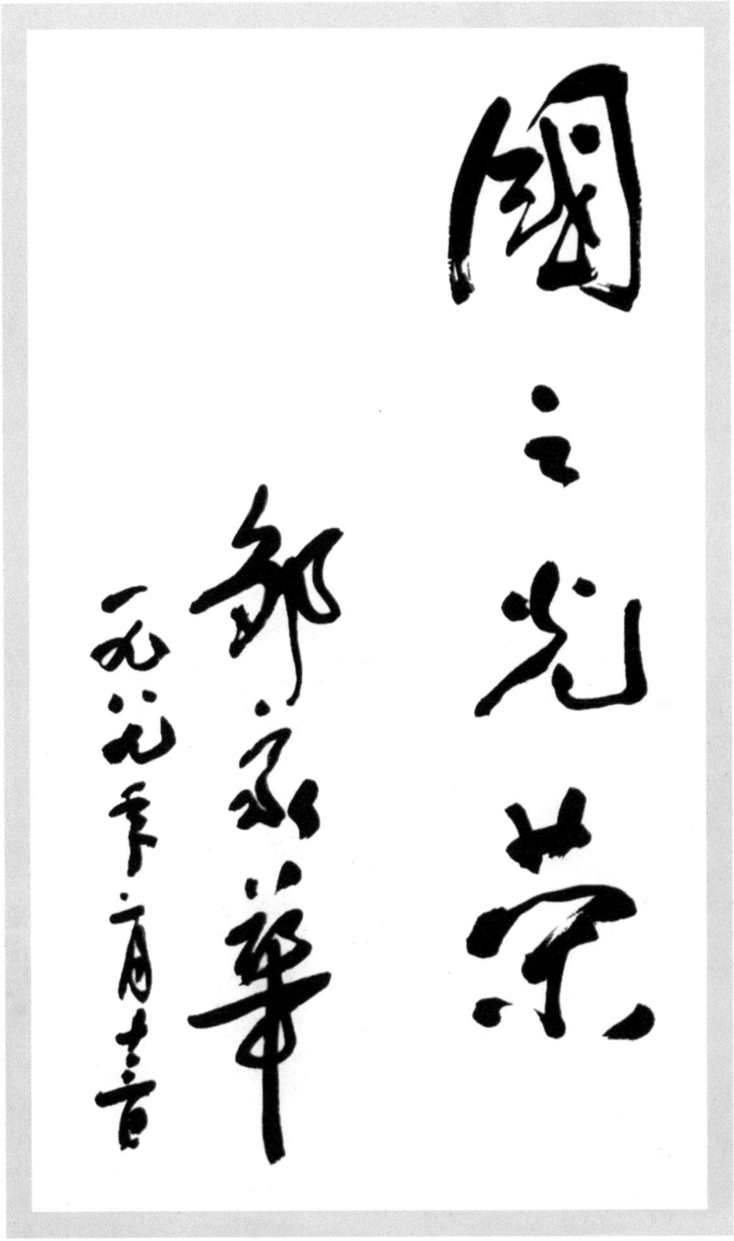

1989 年，国务委员邹家华为秦山核电站题词

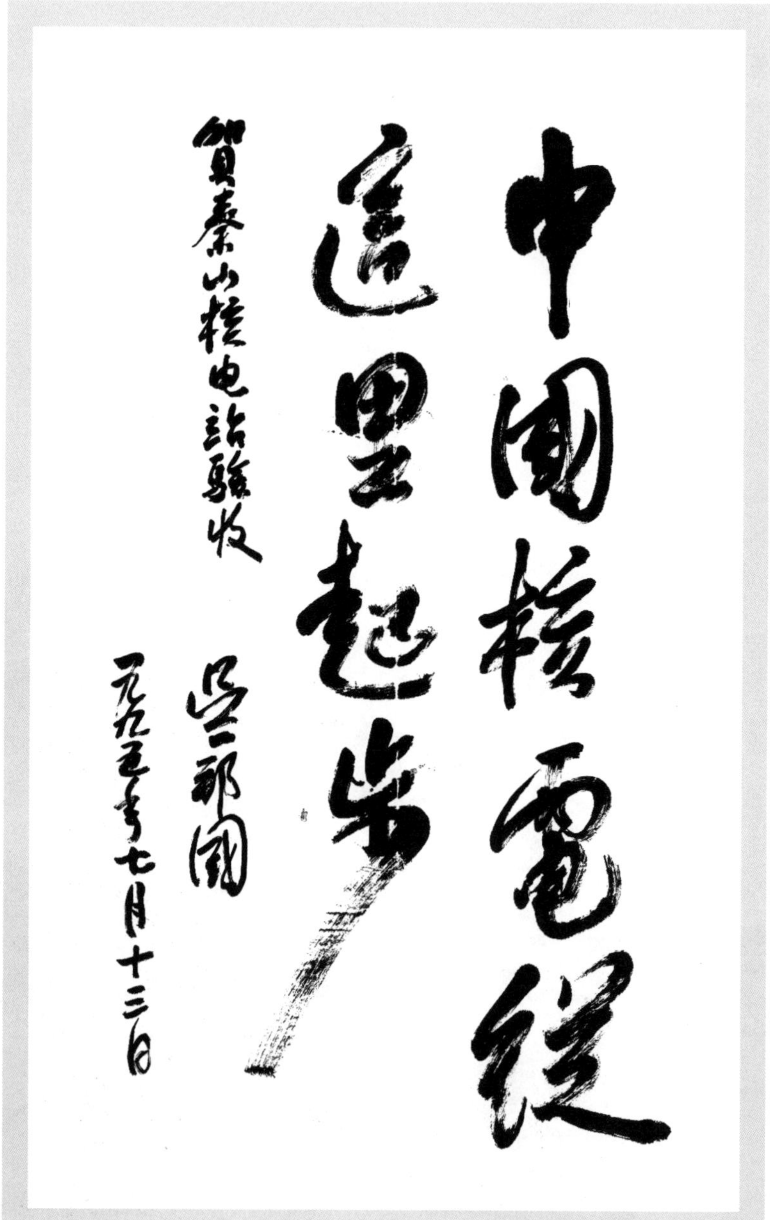

1995 年，国务院副总理吴邦国为秦山核电站题词

值得欣慰的是，今天，周恩来总理的愿望已经实现了。人们相信，安息在祖国壮丽河山中的周总理，一定会看到中国第一座核电站的雄姿，肩负着历史使命的中国核电从秦山第一座核电站开始已经发展到9座，

秦山核电从30万千瓦跨越到100万千瓦，成为中国目前最大的核电基地。秦山核电基地熔铸了中国气派，塑造了国家形象，也实现了周恩来总理发展核电的遗愿。

秦山核电基地全景图

大亚湾核电站建设总指挥

20 世纪 70 年代末，我国决定加快原子能和平利用，推进核电事业发展，但在发展思路方面，当时有“国外引进”和“国内试制”的争论。1978 年，邓小平同志高瞻远瞩提出核电建设要高起点起步，向国外购买先进核电技术。1979 年 5 月，美国国际核能发电顾问公司总经理林杰克提出在广东建核电站，把部分电量卖给香港，以取得的外汇偿还所欠外债的方案，为苦苦探索发展中国核电的人们带来了新思路，在中国核电事业的希望田野上播下了一颗种子。深圳经济特区成立之初，邓小平同志以其远见卓识，坚定地支持发展核能，指出：“深圳要办好两件事，一是办好深圳大学，二是建好大亚湾核电站。”

1985 年 1 月 19 日，邓小平在人民大会堂会见香港中华电力公司董事局主席罗·嘉道理勋爵时说：“大亚湾核电站是中外合资的最大的一个项目，这是了不起的事情。”（《人民日报》1985 年 1 月 20 日头版）

1983年2月，中央任命彭士禄为水利电力部副部长、中共广东省委常委，负责广东核电站的筹建工作。同月，广东核电站建设指挥部成立，彭士禄任总指挥。3月，彭士禄带着曾经干过核潜艇工程的10名技术骨干来到广东，在一片荒芜的土地上开始筹建核电站。这10个人跟着彭士禄大展拳脚，成为中国核电事业的风云人物，被称为“十大金刚”。他们为广东大亚湾核电站的建设作出了许多重要决策，起到了非常关键的作用。

彭士禄带领核能专家，在荒山野岭中艰难跋涉，为核电站选址

在不断产生万元户的20世纪80年代，彭士禄带领着一批每天只领4毛钱补助的核能专家，在荒山野岭中艰难跋涉，为核电站选址。他们走到哪儿就住到哪儿，忍饥挨饿、风餐露宿，渴了就捧几把山泉水喝，饿了就吃几口馒头，住在老百姓提供的油毡棚、磨房、仓库里，点着油灯在蚊帐里看文件、写记录……他们不顾自身安危，远离充满机会与欢乐的都市，整整跋涉5年，踏遍了广东的东江、西江、北江和珠江口以东大亚湾、大鹏湾的山山水水，积累了上万个数据，为建设核电站提供了10多个可选厂址。

大亚湾畔的大坑村，正是他们千寻万找的最佳地点。

1983 年 3 月，年近花甲的彭士禄带领 10 名技术骨干在大亚湾筹建基地考察

彭士禄（中）在搬迁讨论会上发言

核电站选址确定后，接下来要做的就是“四通一平”工程。做好“四通一平”工程之前，不可忽视的一个环节是要把移民安置好。彭士禄对移民安置没有经验，但他把握两点：一是要按政策办事，二是要满足移民们的利益要求，该给他们的一点也不能少。

彭士禄与当地政府协商，由村民自己选择搬迁的地点，然后为他们盖房，每户两层楼，连带坟墓迁移（部分是香港人的）、树木赔偿等都在一年之内完成。就这样，彭士禄他们一步到位干得很彻底，村民们以积极的姿态支持大亚湾核电站建设，都高高兴兴地搬迁了。

彭士禄是在中国建设核电站相关公司尚未成立，相关合同没有签署前，大干快上“四通一平”的第一人。由此可窥见彭士禄的胆识、勇气与才干。

1983 年 9 月 3 日，国务院核电领导小组成立。国务院决定从全国各地抽调 140 名工程师，包括 27 名高级工程师，支援广东核电站建设。他们有的长期从事核工业的研究，有的是火力发电厂的厂长、总工、值长，有的刚刚脱下戎装，从大西北的“两弹”试验场，从核潜艇基地风尘仆仆地赶来。广东核电站建设的队伍不断扩大，力量不断增强。

1983 年 8 月，广东核电站建设指挥部在广州的办公地点

1983 年 10 月 14 日，广东核电站建设指挥部从广州迁到深圳蛇口工业区招待所，在招待所的二、三楼租住了半年

1984 年 5 月 25 日，广东核电站建设指挥部由蛇口迁至深南中路华发北路口广东核电合营有限公司大楼。这是当时被老百姓称为深圳市区唯一夜夜灯火通明的办公大楼

1986 年，核电大厦在深圳市深南中路落成

1984年9月1日，130万立方米库容的大坑水库工程开工，于1985年12月6日建成。

削去山头填出约50公顷土地

凿岩机正在挖掘岩石

通往核电站大坑厂址的公路于 1984 年 2 月 15 日动工修筑，7 月底通车，8 月份试运合格，8 月 31 日进行竣工验收

1985 年 11 月 30 日，大坑村的原居民迁移完毕

海上工程

前期工程序幕拉开，一场气势磅礴带着强烈现代气息的施工交响乐在大亚湾畔奏响。

1985 年，移山填海土建工程

当时，大亚湾工地的工作、生活条件都十分艰苦，简易的棚房既是工作人员工作科研的实验室，也是他们的集体宿舍。

大亚湾核电站现场办公室

大亚湾核电站工地办公环境

技术人员在大亚湾现场做试验

大亚湾核电站现场工作照

彭士禄善于就地取材，他想借助核电站附近的一条大水沟修筑一个堤坝来蓄水，供应核电站每天所需的 1 万立方米淡水。但也有人不同意，担心堤坝垮塌给核电站带来后患，建议从 50 公里以外的一个水库引水。彭士禄认为这个建议也不无道理，倘若垮坝岂不殃及核电站。可他没有停留在这个建议上，而是多方考虑。他想，若没有附近这条水沟，从 50 公里外的水库引水不失为一个很好的途径。

但是，有了这条可利用的水沟，还要从 50 公里以外水库引水，这种舍近求远的做法并非上策。一方面与民争水，一定会发生矛盾；另一方面也不安全，50 公里的管道很容易被破坏。如果我们建一个质量一流的堤坝，那样危险就可能避免了。

彭士禄坚持就近取水，修了堤坝，如今这堤坝固若金汤，安然无恙。

如今的堤坝

彭士禄不仅是核科学家，也是一流的经济学家。他早年在广东讨论大亚湾核电站的工程建设时，就提出“时间就是金钱”的理念，并亲自验算了法国核电的主要参数。他用自己的数学模型，只花了几个小时就完成了用常规方法需要几天才能完成的方案比较和全部数据的计算，令在场的外国专家们惊讶不已。

彭士禄夫妇在大亚湾核电站留影

在大亚湾核电站筹建期间，彭士禄讲得最多的就是“抓紧时间”：“一天100万美元利息，早一天建成就可以省100万美元，推迟一天将损失100万美元。”为了争取时间，彭士禄未等国家计委批准，就决定先破土动工，他带领自己的攻坚团队仅用一年多的时间就高效率、超常规地完成了大亚湾核电站建设前期繁重、繁多、繁杂的“四通一平”工程。为此，他受到了批评。但他不在乎，他常说：“只要是为了人民，为了工作，我就问心无愧！”

1984年，彭士禄的夫人到大亚湾探亲。时任大亚湾核电站的某些高层领导找彭夫人谈话，希望她劝说彭士禄做事不要太急。当夫人正式向他转达同志们的意见时，他却与夫人展开了辩论，说:“时间就是金钱！要大干快上，耽误一天就要损失100万美元啊。”

彭夫人有些接受不了地说：“光强调快而保证不了质量，万一出了问题怎么办？”彭士禄说：“你什么事都不干怎么行？我干了100件事，错了5件，我还有95%的成功率，最终干成了95件，而你不干就一件也没有。”

在大亚湾核电站建设过程中，彭士禄提出核电站建设中的三大要素控制——投资控制、进度控制、质量控制，这套管理思路在中国核电站建设中得到了广泛应用。三大要素控制论的提出，为中国核电站工程的高效建设和运行打下了坚实基础。

1984 年，彭士禄（右一）在大亚湾工地指挥工作

1984 年，彭士禄（左二）在大亚湾工地现场讨论

1984 年，雨中的彭士禄（中）在大亚湾工地现场勘察

1984年7月2日，时任中共广东省委书记任仲夷（前左一）在广东核电站建设指挥部总指挥彭士禄（前右二）的陪同下，视察大亚湾核电站施工现场

1984年，时任中共广东省委书记任仲夷（穿灰衬衣者）与广东核电站建设指挥部总指挥彭士禄（穿白衬衣者），在大亚湾核电站施工现场工棚内蹲在地上认真仔细地研究施工图纸

在与外商谈判时，彭士禄坚持原则，每逢遇到意见分歧，他就上台列出公式，画出曲线，用清晰的数据说明和论证价格、付款方式等重要问题，令在场的外商们惊叹不已！外商们说：“与中国谈判，最难的对手就是彭士禄，因为他既懂技术又懂经济，他太强了！”

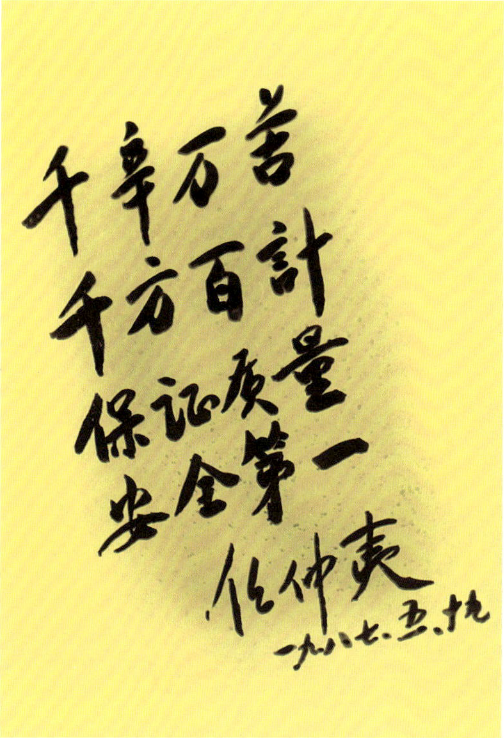

1987 年 5 月 19 日，时任中共广东省委书记任仲夷为大亚湾核电工地题词

1987 年 5 月 19 日，时任中共广东省委书记任仲夷视察大亚湾核电站工地，面对恢宏的工程，他感慨说：“千辛万苦，千方百计，千言万语。”这句话道出了当年参与这个宏伟项目的人们所付出的艰辛劳动和无私心血。

感慨之余，任仲夷书记欣然为大亚湾核电工地题词。

任仲夷书记的题词指示立马在筹建队伍中传开，大家坚定地表示：再接再厉，奋力拼搏，坚决完成好国家交给的这项光荣而艰巨的任务。

如今的大亚湾核电站，已成为支撑核电后续大发展的技术基础、人才基地、创新平台、经济支柱。大亚湾核电站成为闪烁在中国南方海岸上的一座核安全航标灯。

如今我国的核电技术，特别是第四代核电技术，已经达到世界领先水平。这一伟大成就，是彭士禄等一大批领导干部、科学家、工人以及广大工程技术人员默默耕耘奋斗的结果！

大亚湾核电站全景图

秦山二期核电站
第一任董事长

1986 年 4 月，广东核电站建设指挥部总指挥彭士禄被调到核工业部任总工程师、科技委第二主任（副部长级），开始负责秦山二期核电站的筹建工作。1986 年 7 月，国务院核电办明确以“以我为主，中外合作”的方针建设秦山二期核电站。

1988 年 1 月，核电秦山联营有限公司董事会成立，彭士禄任董事长。

设计自主化、设备自主化、建造自主化是秦山二期核电站建设的重大课题。面对重重困难，彭士禄率领他的团队迎难而上，攻坚克难，在项目的论证、投资、进度、质量和安全等方面的控制和管理领域，成功摸索出了一套符合中国国情的科学管理程序，培养了一批核电事业的世界级先进人才。

1993 年 3 月 23 日，彭士禄（前排右五）参加“秦山核电二期工程总包合同签字仪式”

彭士禄在建设秦山二期核电站讨论会上

彭士禄亲自进行了秦山二期60万千瓦压水堆核电站的主参数计算和投资估算，提出了同等因子概念，以及同等因子与汇率风险的关系，为我国自主设计建造大型核电站的立项上马做了重要的基础性工作。

彭士禄是秦山二期核电站的第一任董事长。在秦山二期核电站筹建之初，我们国家为了争取引进国外的核电站技术和设备，与日本、德国谈了一年多没有谈成。之后，又由于种种原因谈判无法进行下去。当时，彭士禄经过反复计算有了七分把握后说："我们光靠外国不是办法！"他立即写信给国务院提出要"以我为主，中外合作"建设核电站的方针，而且提出只能搞60万千瓦，因为当时的国力还不能支撑100万千瓦级核电站建设。国务院同意确定了"以我为主，中外合作"设计建设秦山二期60万千瓦级核电站。后来经过实践证明，这个核电站建设方针是十分正确的！

建设核电站有许多主参数需要计算。主参数分一级、二级、三级等若干级。秦山二期一级主参数有 100 多个，彭士禄利用搞核潜艇的数据积累，胸有丘壑，澄怀观道，只用了一个星期就全部计算出来。有人说他是董事长干了总工程师的活。彭士禄还列出了设计、设备订货制造、土建、安装、调试等一级进度计划表，99 个项目全部用文字编写，每个项目都列出详细的计划表，并交给当时的中国核工业第二研究设计院的有关技术部门复查。

核二院的专家们复查后，认为全部的接口都接上了，没有任何纰漏。后来，美国西屋电气公司的专家看了这个计划表后，也认为制订得很科学。

1986 年 12 月 8 日，彭士禄向核工业部部长蒋心雄等领导提交《关于秦山二期工程筹资问题》报告。在报告中，彭士禄详细列出了秦山二期工程的预算、电价、筹资和厂址选择问题。

20 世纪 80 年代，彭士禄（右一）与核二院专家研讨秦山二期核电技术问题

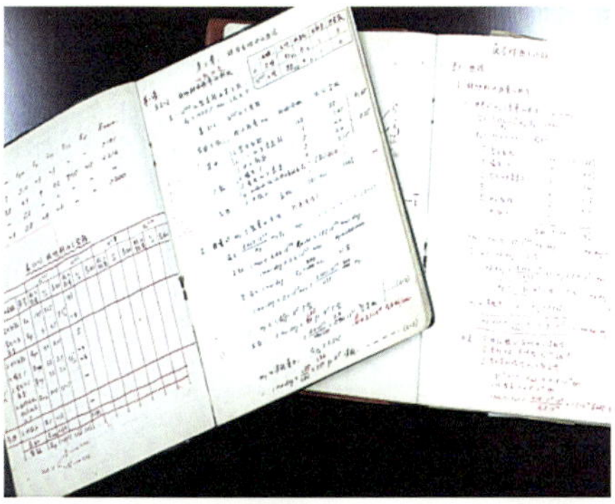

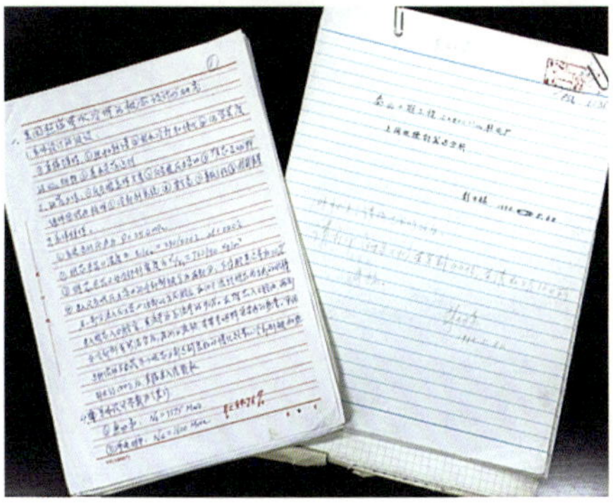

20世纪80年代中期，彭士禄在家中计算各种数据

彭士禄仔细地计算了60万千瓦级核电站的主要参数以及技术、经济数据，所编制的“一级进度表”得到了美国专家的极大赞赏。

彭士禄（右二）与秦山二期科研人员讨论工作

如果说秦山核电站的建造助力实现了我国核电零的突破，那么由彭士禄担任首任董事长的秦山二期，则是我国核电由原型堆到商用堆的重大跨越。当时的中国，在工业基础、建造水平、材料及管理诸多方面均与国际上有很大差距。以至于这个采用国际标准，由我国自主设计、自主建造、自主管理和自主运营的核电站，注定要与艰难为伍，与坎坷为伴。

尽管有大亚湾 90 万千瓦核电站建设作参考，但把核电站反应堆三个环路改为两个环路，并不是把桌子的三条腿砍掉一条那样简单，而是对整个核电站的设计作出很大调整，133 个项目要重新设计，大量数据需要做兼容工作。国外设备的引入给本来就滞后的施工图纸设计增加了新的难度，开工时施工图纸储备量还不到 6%。而按照国际惯例，最少也要有 60%的图纸到位才具备开工条件。当时有人断言，秦山二期不可能按期建成发电。事实上，每推迟一天发电，仅每天财务费用就高达上百万美元。

工程造价的提高，既会影响核电的竞争能力，又会影响国产化的形象。秦山二期的成功与否，对每一个核电决策者和建设者都是一种考验。而这一切压力，并没有动摇过秦山人“人定胜天”的信念。面对困难，先后担任董事长的彭士禄、马福邦、张华祝、赵宏，运筹帷幄，从容决策，精心组织团队，啃掉一个又一个硬骨头。看似是一步险棋，却在周密的布局和广袤的空间中稳步推进。中国核电国产化绕不开秦山核电二期的贡献，它既是中国核电国产化的练兵场，又是走向世界的试验田，包括“华龙一号”177 组核燃料元件的改进在内的许多宝贵的数据都是在秦山二期试验成功的。

彭士禄（中）在秦山二期工地现场

在任秦山二期董事长期间，彭士禄还提出了股份制，建立了董事会制度，并首次把招投标制引入核电站工程建设。

对于秦山二期工程的设计和制造，彭士禄坚决主张实行招投标制，这在当时遇到了很大的阻力。一些同志仍按计划经济时期的做法主张设备要定点生产，并为此争论得很厉害。最后，还是彭士禄拍板：坚持设备采购实行招投标制，设计由谁来做也全部实行招投标制。招投标制改变了靠拉关系争项目的不良现象，充分发挥了各个参建单位的特长。历史证明，工程招投标趋势是一种必然，彭士禄走在了前面。当时的核二院就是通过投标争得了总包院的地位。实践再一次证明，彭士禄这一做法是正确的。

彭士禄（中）在秦山二期工地讨论问题

彭士禄（前右）在秦山二期工地现场

彭士禄（右一）在秦山二期工地现场与一线建设者亲切交谈

1992年，彭士禄开始对秦山二期上网电价进行计算与分析，并于1992年5月完成《秦山二期工程2×600MW压水堆核电厂的上网电价计算与分析》报告。报告共28页，全部手写完成。报告提出了压水堆核电厂上网电价方程，对2×600MW核电机组的固定投资、年利息率和资金回收期假定了几种不同数值，在此基础上进行上网电价计算。经过分析，得出上网电价的固定投资、年利息率和资金回收期的控制值。

1992年，时任秦山二期核电站董事长的彭士禄（前排左三）与第一届董事会成员合影

1992年9月，中国核工业总公司征得各股东同意，首任董事长彭士禄（中）将董事会的工作正式移交给第二任董事长马福邦（左）

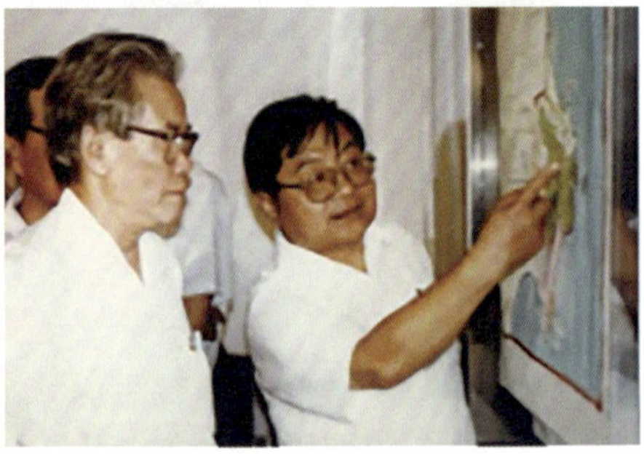

1992年11月，彭士禄（左）以中国核工业总公司科技顾问身份，出席在北京京西宾馆召开的秦山二期工程设计审查会

彭士禄非常关心秦山核电站职工生活设施的建设。每次来公司视察，他都会专门到生活区工地检查，查看图纸，与管理人员交谈切磋，要求建设人员一定要把好工程质量关。

1993年，彭士禄（右三）与秦山核电站职工合影

彭士禄（前）检查秦山二期核电站“四通一平”重要项目——临时变电所

彭士禄（前排中）在秦山二期核电站临时变电所前与部分职工合影

1992年，秦山一期并网发电后，为了增强生产岗位人员的安全感和积极性，中国核工业总公司决定在局部范围调升一次工资。为了探讨建设单位薪酬分配特点、资金渠道等问题，经核电秦山联营有限公司董事长彭士禄和主管工程建设领导同意，在宁波召开了秦山二期薪酬研讨会，邀请宁波北仑电厂、省电力局和中核总核电局、工资局、财务局、监察室领导到会指导，统一了思想，确定了生产与工程建设薪酬分配原则，并考虑各自的特点，合理解决了调级增资问题，上下都比较满意，达到了生产、工程建设双促进的目的。

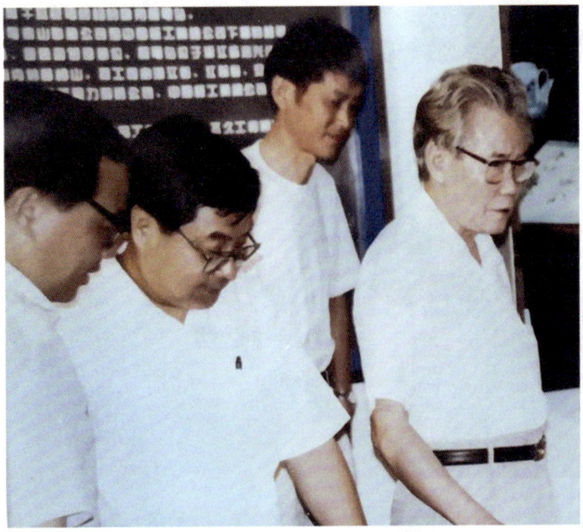

彭士禄（前）在秦山核电站了解工作进展情况

彭士禄（右）在秦山核电站听一线领导汇报工作情况

1994 年，彭士禄（右四）在七一党的生日那天，参观嘉兴南湖中共一大会址，与一大会址工作人员合影

彭士禄到上海龙华烈士陵园为父亲彭湃烈士献花

秦山核电二期工程的 1、2 号机组先后于 1996 年 6 月 2 日、1997 年 3 月 23 日开工，两台机组采用压水堆型，经过近 8 年建设，分别于 2002 年 4 月 15 日、2004 年 5 月 3 日投入商业运营，使我国实现了由自主建设小型原型堆核电站到自主建设大型商用核电站的重大跨越。

2002年6月23日，胡锦涛总书记在视察秦山核电基地时指出：实践证明，党中央关于建设秦山核电站、发展我国民族核电的战略决策是英明的、正确的，也表明我国的核电建设队伍是一支勇于开拓、自觉奉献、能打硬仗的好队伍。

秦山二期核电站局部图

彭士禄工作照

2003年2月19日，时任中共浙江省委书记的习近平同志视察了秦山核电基地，对秦山核电基地的建设者们提出了殷切的期望。

如今，这支中国核电的建设队伍在海盐建起了9座核电机组，现在的秦山已不再有山野鸟鸣和峰峦叠嶂，而是变成了中华大地上核电机组最多、堆型最丰富、全世界独一无二的核电能源基地，为社会创造价值，为人民造福。这支队伍从海盐走出去，在中国大地上建起了一座座安全、高效、清洁的绿色能源核电站。“浩荡入溟阔，志泰心超然。”这就是彭士禄对核事业的不易情怀。在中国核电事业滚滚长河里，彭士禄永远奔腾向前。

2009 年，84 岁高龄的彭士禄（前排中）考察海南昌江核电站厂址

2009 年，84 岁高龄的彭士禄在三亚度假时，反复计算国外某公司开发的第三代先进压水堆核电技术是否适用于中国

彭士禄为秦山核电二期工程建设者题词

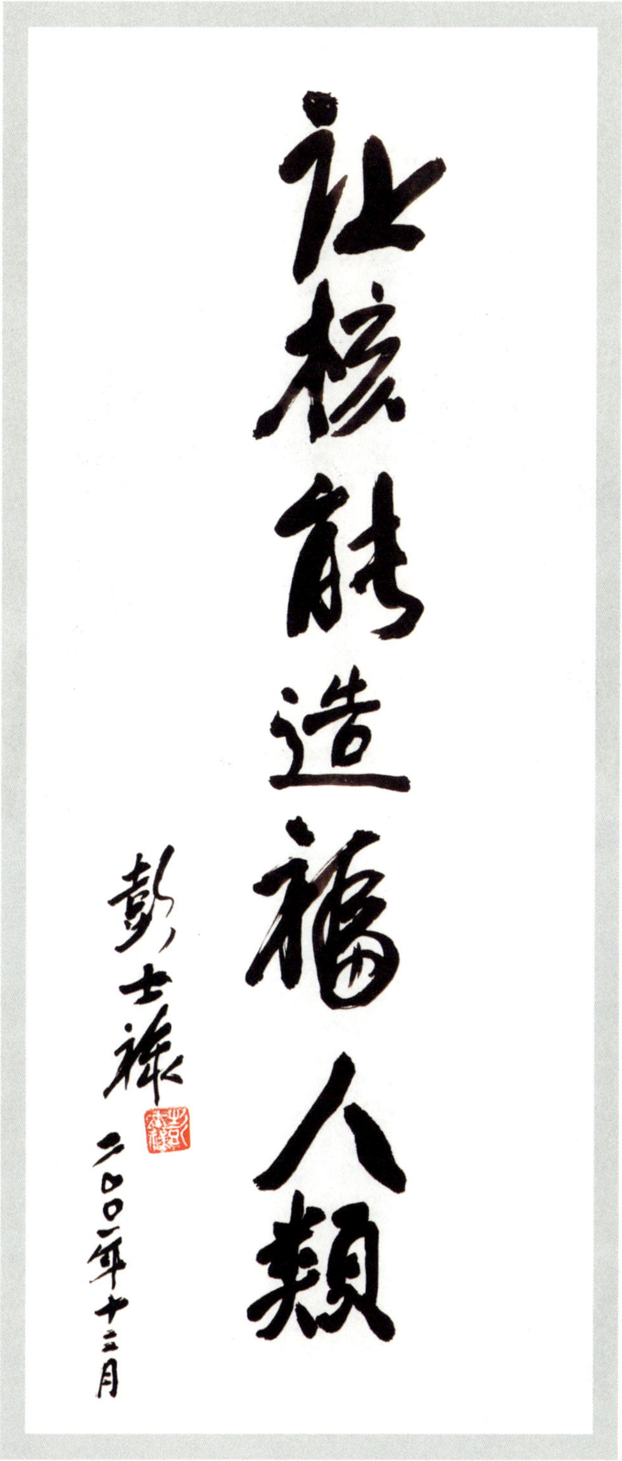

彭士禄为秦山核电二期工程题词

在彭士禄充满传奇的人生中，他的社会角色是多彩多样的：小游击战士、模范护士、模范学生、优秀留学生、翻译专家、副院长、副部长、总设计师、董事长、院士、核动力科学家等。而每个角色他都演绎得尽心尽力、尽善尽美。

彭士禄，这位置身于中国核事业顶峰的重要人物，功勋卓著的杰出科学家，对自己的成就却只字不提，总是忘情地讲述着自己的童年，讲述党和老百姓的养育之恩。

他倾尽全力来回报党和人民，一辈子一生情，碧血丹心傲苍穹。

第六章

碧血丹心 傲苍穹

中国科技界楷模

1999 年 9 月 18 日，彭士禄（前排左五）与出席“两弹一星”表彰大会的中国核工业总公司特邀代表合影

1999 年 9 月 18 日，在庆祝中华人民共和国成立 50 周年之际，中共中央、国务院、中央军委决定，对当年为研制“两弹一星”做出突出贡献的 23 位科技专家予以表彰，并授予于敏、王大珩、王希季、朱光亚、孙家栋、任新民、吴自良、陈芳允、陈能宽、杨嘉墀、周光召、钱学森、屠守锷、黄纬禄、程开甲、彭桓武“两弹一星”功勋奖章，追授王淦昌、邓稼先、赵九章、姚桐斌、钱骥、钱三强、郭永怀“两弹一星”功勋奖章。这 23 位科技专家是中华人民共和国的功臣，是老一辈科技工作者的杰出代表，是新一代科技工作者的光辉榜样。

20 世纪 80 年代，彭士禄（右一）在庆祝“两弹一艇”研制成功大会上

1988 年，在参加中国核潜艇建成纪念大会上，参加核潜艇工程设计的科学家们合影。前排周永茂（左一）、赵仁恺（左二）、吴国忠（右一）、彭士禄（右二），后排韩一洽（左一）、韩铎（左四）

八十和九十寿辰

2005 年 11 月 18 日，在彭士禄 80 寿辰的时候，中国核工业集团有限公司在北京钓鱼台国宾馆举办了“庆贺彭士禄院士从事科技工作 48 年暨 80 寿辰座谈会”。来自解放军总装备部、国防科工委、中国工程院、海军司令部及中核集团公司、中核建设集团公司、中广核集团公司、中国船舶重工集团公司等单位的代表 40 余人欢聚一堂，庆祝我国核动力领域杰出的开拓者和奠基人彭士禄院士从事科技工作 48 年暨 80 寿辰。时任全国政协副主席、中国工程院院长徐匡迪发来贺信，高度赞扬彭士禄院士爱国爱民、无私奉献的高尚品德和科学求实、严谨治学、勇于开拓的精神，称赞他是中国科技界的楷模和学习的榜样。

2005 年 11 月 18 日，在北京钓鱼台国宾馆举办“庆贺彭士禄院士从事科技工作 48 年暨 80 寿辰座谈会”

2005 年 11 月 18 日，朱光亚（右）出席“庆贺彭士禄院士从事科技工作 48 年暨 80 寿辰座谈会”

2015 年 11 月 18 日，迎来了彭士禄 90 寿辰，许许多多曾与他一起工作战斗过的同志们都激动不已。他们不由自主地回忆起曾与彭士禄院士在核潜艇研制现场，在大亚湾核电站、秦山核电基地……共同拼搏奋斗的日日夜夜。

2015 年 11 月 18 日，彭士禄 90 寿辰

在他们的印象中，

彭士禄是——

一位为祖国核动力事业奉献了一辈子的人；

一位品德高尚、令人景仰和爱戴的人；

一位有真才实学、功勋卓著的科学家；

一位真正敢作敢当、光明磊落的共和国部长；

一位像他父亲彭湃那样的真正的共产党人；

一位不忘初心、牢记使命的践行者。

彭士禄，正是常怀感恩的心，才有了他的无私无畏；因其无私无畏，才有了他的敢作敢当，才有了他一生坚韧不拔的毅力，才有了他为祖国核动力事业奉献一辈子的坚持，更有了他坚不可摧的为中华民族伟大复兴而奋斗的理想信念！

90 多年前的彭湃脱下长衫与洋装，换上破旧的农民服，深入广东海陆丰贫苦农民群众之中，发动和组织农民进行革命，建立起中国第一个县级苏维埃政权。今日的彭士禄从烈士的遗孤成长为杰出的中国核动力科学家，历经风霜雨雪，坚韧不拔……杰出的父子，中国人民的优秀儿子，用他们的实际行动完美地诠释了什么叫“不忘初心、牢记使命”。

彭士禄坚持自主发展，使我国拥有了军民核动力设计人才队伍与设备研发能力，自主研发的第三代核电“华龙一号”成为国家的一张新名片。他为报答党和祖国与人民的恩情，无私奉献一生，是我国核动力事业的垦荒牛。

孔子曰，“兰不以无人而不芳”。彭士禄，就像兰花一样，虽傍之荆棘，却素洁高雅，清逸坚贞，清香幽远。

承父业续家风

彭士禄有一个幸福和谐的家庭。

2005 年，彭士禄 80 寿辰时全家福

彭士禄夫人马淑英

彭士禄夫人马淑英人长得漂亮，心灵更美。她知书达理，性格温柔，热情有加，做事考虑周全，细致入微。她工作出色，获得过多种奖励。她在语言上有着过人的优势，精通英语、俄语、德语和日语。她还是典型的贤妻良母，把家操持得井井有条。她更是彭士禄事业上的臂膀，是彭士禄事业成功背后的无名英雄。大家都很尊敬她，爱戴她，喜欢称她为马大姐、马老师。

家风正，遂人不斜。良好的家风对下一代有着深远的影响，甚至决定着子女们出门在外为人处世的态度和底气。父母子女之间感情笃深、互相信任，兄弟姐妹之间同心同德、齐心协力，夫妻之间恩爱和美、相濡以沫，一家人一条心，家业才能兴旺发达。

由此我们联想到了彭湃家族关于“责任、人民、国家”的良好的家风传承。彭士禄对他子女的要求是：认认真真做人，踏踏实实做事，不要看重钱财，无论做什么事情都要低调。他的一双儿女都是按照父亲的教诲努力做人做事。他们都是共产党员，大学毕业后，尽自己的努力好好学习、工作、生活。他们都有良好的工作成绩、美满幸福的家庭。更让人感动的是，彭士禄的孙子、孙女，也和他们的先辈们一样，工作上勤奋努力、业务精湛，生活上朴素节俭、不怕吃苦。

从彭湃到彭士禄，再到彭士禄的儿女、孙辈，一门四代好家风，让我们看到了彭士禄“承父业立德树人续家风” 的优秀品质。

20 世纪 60 年代初，彭士禄全家福

欢乐家庭

1967 年，彭士禄一家在天安门广场留影

对待自己的第一夫人“核动力”，彭士禄是个“说一不二”的人，对待自己的“第二夫人”呢？说到马淑英，他满脸的幸福：“在我们家啊，我的排行是老六。”他用右手指比划着“六”的手势说道：“玛莎第一，儿女第二，孙子孙女外孙女第三，保姆第四，儿媳女婿第五，我排老六。他们人人都可以管我，‘欺负’我，我在家里可是最没有地位的呀！”谈到幸福美满的家庭生活，彭士禄总是表现出孩子般的调皮，喜笑颜开。

彭士禄夫妇的快乐生活

在北京，为了照顾二老的生活，女儿一家一直和他们生活在一起，而他们也将平时照顾他们的保姆当成亲人，所以才会有了他这样的家庭排序。他的儿子一家在外地工作生活，每当儿子全家回北京时，彭士禄

彭士禄和小孙子坐在一起讲故事

对小孙子更是倍加疼爱。他特别喜爱小孙子，视小孙子为掌上明珠。

每次小孙子来北京，只要有时间，他就会带小孙子出去玩耍。更多时候，爷孙俩便坐在一起聊天、讲故事。

他还和孙女、外孙女有个约定，闲暇时就带她们去吃小蛋糕、冰激凌。每当此时，他便一手牵着一个漂亮的小姑娘，欢欢喜喜地出门了。孙女个头比较小，他总是让她多吃点。他们在一起谈天说地，美滋滋的，那是他们三个人最喜欢的事。彭士禄更喜欢听孙女拉小提琴，外孙女弹钢琴，他会和着拍子，轻轻地拍着手，小声地唱着，在美妙的音乐声中享受着他的天伦之乐。有时候，夫人马淑英也会用钢琴弹上几首他们最喜欢的苏联歌曲，他们边弹边唱，此时的彭士禄眼中，满满的全是爱意。

彭士禄与儿子、孙子在彭湃铜像前留影

彭士禄夫妇和孙女、外孙女在一起

同他感情笃深的、一直和他以“老朋友”和“小朋友”相称的外孙女总是和他玩不够。“老朋友，你总是那么忙，也没时间陪我玩儿，我都对你有意见啦。”外孙女又是心疼又是埋怨地说。“我看呀，咱俩还是签个合同吧，要不然，你老是说话不算数。”外孙女专门“拟”了一份合同书，大意是：如果彭士禄每天能准时回家的话，可奖励啤酒。合同签完，两人还互相手拉手勾起对方的小拇指，那样子，像是希望把对方的心永远勾进自己的心里。他们边勾手指还边唱着“拉钩上吊，一百年不许变”的童谣，引得家人哈哈哈地笑成一片。

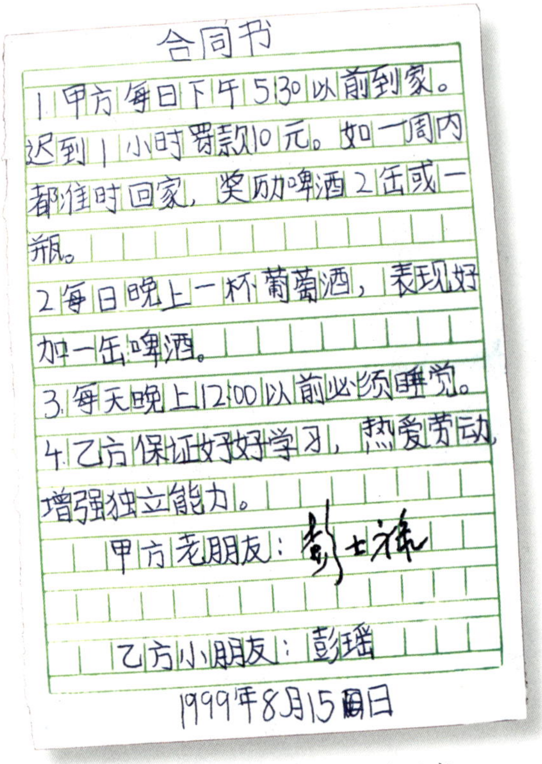
合同书

1.甲方每日下午5:30以前到家。迟到1小时罚款10元。如一周内都准时回家，奖励啤酒2缶或一瓶。

2.每日晚上一杯葡萄酒，表现好加一缶啤酒。

3.每天晚上12:00以前必须睡觉。

4.乙方保证好好学习，热爱劳动，增强独立能力。

甲方老朋友：彭士禄

乙方小朋友：彭瑶

1999年8月15日

彭士禄与外孙女签订的合同书

多年来，彭士禄已经养成了烟、酒、茶不离口的习惯。每当家中来客人时，他总是以酒代茶。不管客人喝不喝酒，他总能为客人营造极其快乐而轻松的氛围。无论是喝酒的还是喝茶的都痛快淋漓，大家开怀大笑。

这份“合同书”从另一个侧面反映了彭士禄生活中不可缺少的一样东西：酒！每逢高兴的时候，他总喜欢喝上一点。他爱喝酒是出了名的。

因为喜欢喝酒，彭士禄还获得了酒友们颁发的“酒圣”荣誉证书。据酒友们说，只有人品、酒德、酒量都好的人，才能获此证书。

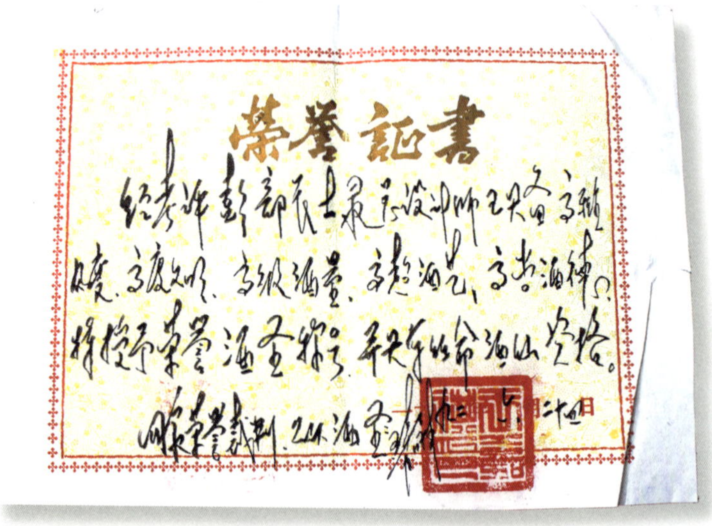

1992年，酒友们颁发给彭士禄的“酒圣”荣誉证书

彭士禄家中宽大的写字台上放着“三件宝”：第一件是中国第一代核潜艇研制成功纪念瓷盘；第二件是友人赠送的核电站模型；第三件是 20 世纪 80 年代，他担任广东核电站指挥部建设总指挥时，一位炊事员送给他的“垦荒牛”陶瓷塑像。马老师说：“彭士禄最喜欢第三件，因为他属牛，他就像一头垦荒牛。不做则已，一做到底！”

彭士禄珍藏的“三件宝”

彭士禄爱唱歌，他能用汉语和俄语两种语言唱，中国的优秀经典歌曲里面，他最喜欢的就是《军港之夜》。

军港的夜啊静悄悄
海浪把战舰轻轻地摇
……
待到朝霞映红了海面
看我们的战舰又要起锚

每当听到这首歌曲，彭士禄就情不自禁地哼唱起来，并拍着手伴奏。因为这首歌讲的是海军，海军连接着大海，大海连接着核潜艇。

“彭大哥”的笑容

在彭士禄充满传奇色彩的人生经历中，有过众多的绰号称呼，在这些绰号称呼中，他最不喜欢别人称他“核潜艇之父”，最喜欢别人称他“彭大哥”。当媒体记者采访他时，他总是说：“不是我爱拜兄弟，是我这个人本来就有几十位父母，上百位兄弟姐妹……”

彭士禄精神矍铄

彭士禄住进医院时88岁，当年的他精神矍铄，气色红润，乐观开朗，目光深邃，智慧幽默；依然是那样的亲切和慈祥。只是头上的银发无声诉说着他几十年跌宕起伏、风雨沧桑的人生。“每天乐呵呵地生活着，多好啊！”这是彭士禄常挂在嘴边的一句话。他那爽朗的笑声一直都萦绕在病房，他是医院里医护人员和病友们的开心果，大家都喜欢与这位老人聊天，有时还拿他开玩笑，他总是笑眯眯的。在医院的走廊里，遇到其他病人，他都会主动打招呼，有时还很幽默地跟大家说“Hello”。

多彩人生

别人的房子是越住越大，而他却主动把大房子让给别人，自己搬到单元房里。后来，无论他当了“总师”还是“部长”，他始终住在面积不大、装修陈旧的旧单元房里。他总说：“国家给我的太多了。我这一辈子就干了两件事：一是造核潜艇，二是建核电站。”

他永远忘不了周总理嘱咐他的几句话：小彭，记住，无论什么时候，无论走到哪里，你都要记住你是海丰人，你姓彭，是彭湃的儿子，永远不要改名换姓！

30 多年隐姓埋名，为国铸核盾，一辈子只做了两件事的彭士禄，没有辜负那些冒死保护他的老百姓，没有辜负培养教育他的党，没有辜负老一辈革命家对他的期望，更没有辜负父亲彭湃的英名。

“干对了，功劳和成绩是大家的，错了，我负责！”“我愿做一头垦荒牛！”“在工作上要以科学为依据，用数据来说话！”许多当年与彭士禄在核潜艇基地、核电站现场并肩战斗的战友们说，“当年我们就是在彭总师这种精神力量的感召下，将坚定的信念化为自己双肩上的职责才干出了核潜艇、核电站的”。

“彭士禄是一位富有传奇色彩的人，一位正直、无私、善良、光明磊落且幽默风趣的人；是一位勇于担当、敢于负责的人……”众人字字句句的真切讲述，涌动着发自肺腑的感动和敬仰之情。

为了核动力事业的可持续发展，彭士禄以中国核动力研究设计院为依托，于1980年创办和主编了双月刊杂志《核动力工程》，旨在推动行业内形成浓郁的学术氛围，发现和培养新人。他在《核动力工程》杂志发表论文，使《核动力工程》杂志享誉海内外，成为国际核动力学术领域里有影响的刊物！

1990年，《核动力工程》创刊十周年之际，彭士禄（中）分享了自己的一段寄语

《核动力工程》于1980年2月创刊，中国核学会核能动力学会编辑，彭士禄任主编。它是中国核能动力学会的学报，由中国核动力研究设计院主办，原子能出版社出版。《核动力工程》期刊于1980年3月正式发行，第一期开篇文章特邀姜圣阶院士撰写题为《未来世界是核能的世界》一文。从此，在彭士禄的带领下，《核动力工程》一直与各高校、研究院所以及相关企业一起，结合中国核学会和核动力学会工作实际，刊发了大量有价值的论文。该刊目前还是核动力研究领域非常重要的期刊。

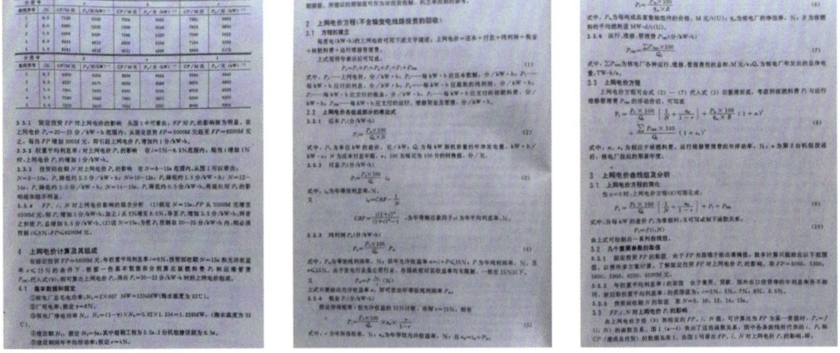

彭士禄在《核动力工程》杂志上发表的论文节选

《核动力工程》杂志封面及领导题词

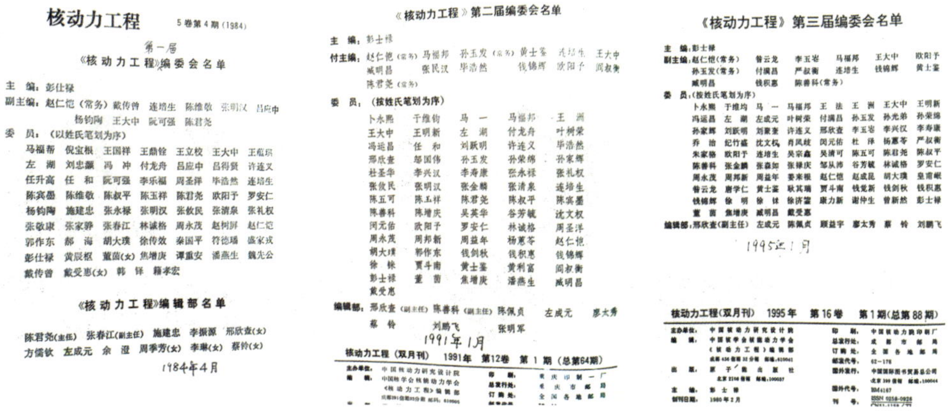

核动力工程　5卷第4期（1984）

第一届
《核动力工程》编委会名单

主　编：彭仕禄
副主编：赵仁恺（常务）戴传曾　连培生　陈维敬　张明汉　吕应中
杨钧陶　王大中　阮可强　陈君尧
委　员：（以姓氏笔划为序）
马福邦　倪宝根　王国祥　王鼎铨　王立校　王大中　王蕴琪
左　湖　刘忠灏　冯　冲　付龙舟　吕应中　吕得贤　许连义
任升高　任　和　阮可强　李乐福　周圣洋　毕浩然　连培生
陈宾墨　陈维敬　陈叔平　陈玉祥　陈君尧　欧阳予　罗安仁
杨钧陶　施建忠　张永禄　张明汉　张攸民　张清泉　张礼权
张敬康　张家骅　张春江　林诚格　周永茂　赵树屏　赵仁恺
郭作东　郝　海　胡大璞　徐传效　秦国平　符德璠　盛家戎
彭仕禄　黄辰枢　董茵（女）焦增庚　谭重安　潘燕生　魏先公
戴传曾　戴受惠（女）韩　铎　籍孝宏

《核动力工程》编辑部名单

陈君尧（主任）　张春江（副主任）　施建忠　李振源　邢欣查（女）
方儒钦　左成元　余　澄　周季芳（女）　李琳（女）　蔡铃（女）
1984年4月

《核动力工程》第二届编委会名单

主　编：彭士禄
付主编：赵仁恺（常务）马福邦　孙玉发（常务）黄士鉴　连培生　王大中
臧明昌　张民汉　毕浩然　钱锦辉　欧阳予　阎叔衡
陈君尧（常务）
委　员：（按姓氏笔划为序）
卜永熙　于维钧　马　一　马福邦　王　洲
王大中　王明新　左　湖　付龙舟　叶树荣
冯运昌　任　和　刘跃明　许连义　毕浩然
邢欣查　邬国伟　孙玉发　孙荣绵　孙家辉
杜圣华　李兴汉　李寿康　张永禄　张礼权
张攸民　张明汉　张金麟　张清泉　连培生
陈五可　陈玉祥　陈君尧　陈叔平　陈宾墨
陈善科　陈增庆　吴英华　谷芳毓　沈文权
闵元佑　欧阳予　罗安仁　林诚格　周圣洋
周永茂　周邦新　周益年　杨蕙苓　赵仁恺
胡大璞　郭作东　钱剑秋　钱积惠　钱锦辉
徐　銤　贾斗南　黄士鉴　黄利富　阎叔衡
彭士禄　董　茵　焦增庚　潘燕生　臧明昌
戴受惠
编辑部：邢欣查（副主任）陈善科（副主任）陈佩贞　左成元　廖太秀
蔡　铃　刘鹏飞　张明军
1991年1月

核动力工程（双月刊）　1991年　第12卷　第1期（总第64期）

主办单位：中国核动力研究设计院　印　刷：重庆印制一厂
编　辑：中国核学会核能动力学会　总发行处：重庆市邮局
《核动力工程》编辑部　订购处：全国各地邮局
成都291信箱22分箱　邮码：610005
[illegible]

《核动力工程》第三届编委会名单

主　编：彭士禄
副主编：赵仁恺（常务）　昝云龙　李玉岩　马福邦　王大中　欧阳予
孙玉发（常务）　付满昌　严叔衡　连培生　钱锦辉　黄士鉴
臧明昌　钱积惠　陈善科（常务）
委　员：（按姓氏笔划为序）
卜永熙　于维均　马　一　马福邦　王　法　王　洲　王大中　王明新
冯运昌　左　湖　左成元　叶树荣　付满昌　孙玉发　孙光弟　孙荣绵
孙家辉　刘跃明　刘聚奎　许连义　邢欣查　李玉岩　李兴汉　李寿康
乔　治　纪竹盛　沈文权　肖凤岐　闵元佑　杜　泽　杨蕙苓　严叔衡
朱家骆　欧阳予　连培生　吴宗鑫　吴清可　陈五可　陈君尧　陈叔平
陈善科　张金麟　张森如　张禄庆　邹从沛　谷芳毓　林诚格　罗安仁
周永茂　周邦新　周益年　娄来根　赵仁恺　赵成昆　胡大璞　皇甫岷
昝云龙　唐学仁　黄士鉴　耿其瑞　贾斗南　钱觉新　钱剑秋　钱积惠
钱锦辉　徐　明　徐　銤　徐济鋆　康力新　谢仲生　曾新然　彭士禄
董　茵　焦增庚　臧明昌　戴受惠
编辑部：邢欣查（副主任）　左成元　陈佩贞　顾益宇　廖太秀　蔡　铃　刘鹏飞
1995年1月

核动力工程（双月刊）　1995年　第16卷　第1期（总第88期）

主办单位：中国核动力研究设计院　印　刷：中国核动力院印刷厂
编　辑：中国核学会核能动力学会　总发行处：成都市邮局
（核动力工程）编辑部　订购处：全国各地邮局
成都436信箱32分箱　邮编：610041　邮发代号：62－178
出　版：原子能出版社　国外发行：中国国际图书贸易总公司
北京2108信箱　邮编：100037　北京399信箱　邮编：100044
主　编：彭士禄　国外代号：BM4167
创刊日期：1980年2月　刊　号：ISSN 0258-0926

彭士禄任《核动力工程》杂志三届编委会主编

彭士禄在家中写字台前

中国核动力学会的首任理事长彭士禄（中）与继任理事长周永茂（右）及常务副理事长郑庆云（左）合影

80岁高龄的彭士禄接受记者采访时，依然坚定地说："只要是为了人民，为了工作，我就问心无愧。"

彭士禄是一个勇于担当、敢于拍板的人。20世纪70年代初期开始研发核潜艇陆上模式堆，很多问题都是在一片争论中摸索。彭总师敢拿主意，人们对他"彭大胆""彭拍板"的称呼就是那个时候传开的。他坚持自己计算试验数据，再通过自己掌握的一手数据大胆决策；他从不计较个人利益得失，数据算对了，功劳是大家的。接受记者采访时，彭士禄坚定地说："只要是为了人民，为了工作，我就问心无愧。"

彭士禄是一位既懂技术，又懂经济的科学家。在深圳蛇口招商局一间不足 15 平方米的办公室里，他埋头在写字台前，把外商提供的有关核电站建设的 100 多个主要参数亲自核算了一遍，并自学经济学课程，对核电站进行了经济学分析，得出推迟一天将损失 100 万美元的结论。他还综合多方面因素，提出了投资、进度、质量三大控制，为投资和进度控制问题建立数据模型。这套管理思路在大亚湾核电站、秦山核电站及后续的田湾、海南、福清等核电站的建设中得到了广泛应用。

2002 年 10 月，年近 80 岁的彭士禄在家中计算相关数据

彭士禄（右）与祖母周凤（前）和柯麟先生的儿子柯小宁（左）在一起

彭士禄是一位正直、善良、大公无私、忠孝仁义的人。彭士禄的姑妈潘舜贞，在风雨如磐的白色恐怖年代，为了保护他苦苦地坐了三年牢，宁把牢底坐穿，也绝不供出他是彭湃的儿子。彭士禄夫妇心怀感恩，坚持每月按时寄生活费给潘舜贞姑妈，逢年过节还要多寄些钱，保障老人的晚年生活。此外，他还每月按时给祖母周凤及岳父岳母寄钱，直至这些老人们去世。

彭士禄夫妇（二排右五、六）与广东亲属合影（左图）

彭士禄夫妇（左三、四）与广东亲属合影（右图）

1990 年，彭士禄参加秦山核电讨论会（张录摄影）

彭士禄是一位听得了不同意见、尊重科学的人。曾有一艘核潜艇发生了堆内局部堵塞的事故，当时有两种截然不同的处理意见，争论得很激烈。彭士禄支持的方案，军方也倾向于支持。而彭士禄的学生却说了一个与他相反的意见。最后，他认可了学生的意见。军方经认真考虑后也采纳了与彭士禄的学生相一致的意见。

彭士禄是一位不计较荣誉与得失的人。1978 年，当他获得“全国科学大会奖”时，他正在工地上，有人通知他去参加全国科学大会，他根本不知道自己是获奖者。在他荣获“国家科学与技术进步奖”特等奖时，他还惊讶地问：“我也可以得奖？”对于什么时候调级，什么时候评职称，什么时候涨工资，他一概不知，也不打听。他总说：“党和国家给我的比我付出的要多得多啊！”

开会间隙的彭士禄

彭士禄在北京百望山彭湃题词前留影

彭士禄是一位富有魅力、德高望重的人。很多人愿意当他的学生，并对他有求必应。退休以后，他还一直关注核电站高放废液的水泥固化问题。当他听说当时的中国科学院副院长胡博士是从美国回来的，而且有水泥固化方面的先进资料，他就去拜访胡博士。一开始胡博士不知道他是谁，后来得知眼前的这位老人竟是彭士禄时，胡博士当场就激动地说：“我早就听说过您，您在我心目中的地位如同神一样，您现在告诉我需要什么，我一定都给您！”

彭士禄是一位重情重义、大度慷慨的人。彭士禄和工人、技术人员关系密切是出了名的。每当彭总师下厂，很多工人及技术人员都要请他吃饭。若谢绝，主人就会生气；若都答应，只有几天时间，哪能排得过来？彭士禄就想了个办法，叫“少吃多餐”：就是一顿饭吃几家。这已然不是在吃饭，而是在“吃情”了。听说司机朋友们想喝点酒，他便毫不吝啬地拿出自家保存的一瓶洋酒让几个司机痛痛快快地喝了一顿。

彭士禄（后排左三）与核潜艇总装厂干部、工人们在一起

彭士禄（前排左一）参加清华大学博士学位论文答辩会

彭士禄是一位善于培养年轻人的领导。他说，人有了一定的成就、地位、权力、资格后，就容易自以为是，倚老卖老，总认为自己是对的，不放心别人做事，这很容易阻碍新生力量的发展。“我们没有必要什么都把持在自己手里，没必要认为自己都是正确的。要学会放手让年轻人去干。你听过的会忘记，见过的能记得，做过的才明白。不放手让年轻人去做，优秀的人才就难以涌现。老同志要为年轻人让路，让舞台，大胆地让年轻人去创新，错了也不要责难和批评，要引导和鼓励他们，让他们勇于承担责任。”

彭士禄（左四）与干部、工人们促膝谈心

彭士禄是一个没有架子、待人和气的人。彭士禄在船舶七院工作时间不是很长，但与七院机关工作人员亲密无间，大家都亲切地叫他“老彭”。休息日，他经常到各家各户串门聊天，喝口小酒，吃几颗花生米，无所不谈……一位曾在七院工作过的老同志至今仍清晰地记得，当年彭部长到他家中促膝谈心的情景。

20 世纪 80 年代初，彭士禄（中）在大亚湾核电建设指挥部与同事交流

2010 年，彭士禄（左二）回广东大亚湾时同大家座谈并参观展览室

彭士禄（中）与核潜艇总装厂干部工人在一起喝酒畅谈

彭士禄是一个爱喝酒的人。他的性格也像酒般火热。在苏联学习期间，他和同学们一起喝伏特加；在潜艇基地安装调试核动力装置的时候，他和海军官兵、工人们一起以酒御寒……酒会给人以灵感，但喝多了就会糊涂误事。什么时候喝酒，什么时候喝多少酒他心里都有数，但也有控制不住自己喝糊涂的时候。在研制核潜艇及核电站建设的过程中，为了驱赶疲劳或御寒，他常与同事们把酒畅谈。但他真的敞开豪饮，还是在核潜艇水下试航成功的庆功宴上。那时候，他激动的心情难以言表，唯有用酒来表达。

彭士禄（左三）与受资助学生合影

彭士禄是大家的良师益友。20 世纪 90 年代，彭士禄夫妇开始支持“希望工程”，并资助了家乡广东省海丰县的贫困学生。

彭士禄是深受大家爱戴的科学家和好领导。有一天，女儿一家陪着彭士禄夫妇到北京香山公园游园休憩。彭士禄坐在轮椅上，在大家的陪伴下，欣赏着公园美景。这时，忽见一位身材挺拔、浓眉大眼的中年男子，面带微笑地向彭士禄走来。走近时，他弯下腰，轻声问道：“老人家，您是不是彭士禄老先生？”见彭士禄莫名其妙地点头称是时，中年男子万分激动地说：“我知道您，在电视上见过您，知道您的故事。您是中国核潜艇第一任总设计师！我是一名华侨，作为海外赤子，今天有幸亲眼见到您，我真是太高兴、太激动了。”中年男子声音微颤，紧紧地握住彭士禄的手，热泪盈眶地轻声嘱咐着彭士禄，一定要保重身体，健康长寿！临别时，“啪”的一个立正，中年男子向彭士禄敬了一个军礼！一家人至今都没明白，是哪辈人的善缘福泽让这样一位中年华侨如此动情。

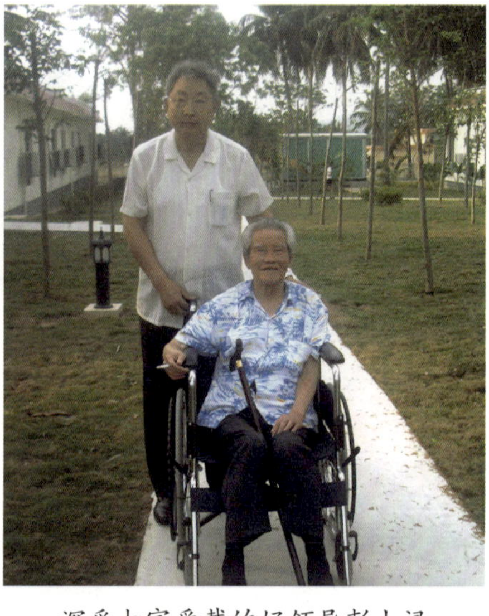
深受大家爱戴的好领导彭士禄

2006 年 5 月，受广东省汕尾市委、市政府邀请，彭士禄和广东大亚湾核电站原工地联合党委书记安清明、中广核集团原总经理钱智民同志一起去汕尾市考察粤东核电厂址，安清明即兴赋诗一首。

少年脱险踏征程，
回眸展望越八零。
艰难受命历无影，
核艇之父功殊荣。
发展核电填白空，
点将披甲再出征。
澄然高尚两袖清，
光辉伟业永芳名。

彭士禄夫妇（左二、三）与叶选平夫妇（右二、三）、昝云龙（右一）、安清明（左一）合影

2008 年度国家科学技术进步奖获得者、中国人民解放军原总装备部政治部一级作家彭继超到医院探望彭士禄时，即兴赋诗，表达他对彭士禄院士的敬仰之情。

革命英烈热血涌，
百家养育赤子情。
自力更生延河水，
负笈求索原子能。
力推神鲸潜碧海，
志燃核火耀苍穹。
闲来最喜军港夜，
鲐背期颐老顽童。
赤子初心只做牛，
拓荒开路自风流。
红色基因传薪火，
点燃核能热神州。

2012 年 3 月，国防科工委发展研究中心原党委书记、国家国防科工局直属机关党委巡视员袁和平在制作《军工记忆》纪录片时，在采访彭士禄院士后，饱含激情地用两种字体书写诗歌一首。

心潮澎湃访禄翁，
核艇首堆建奇功，
夹江青翠辽东舞，
蓝鲸蹈海真英雄。

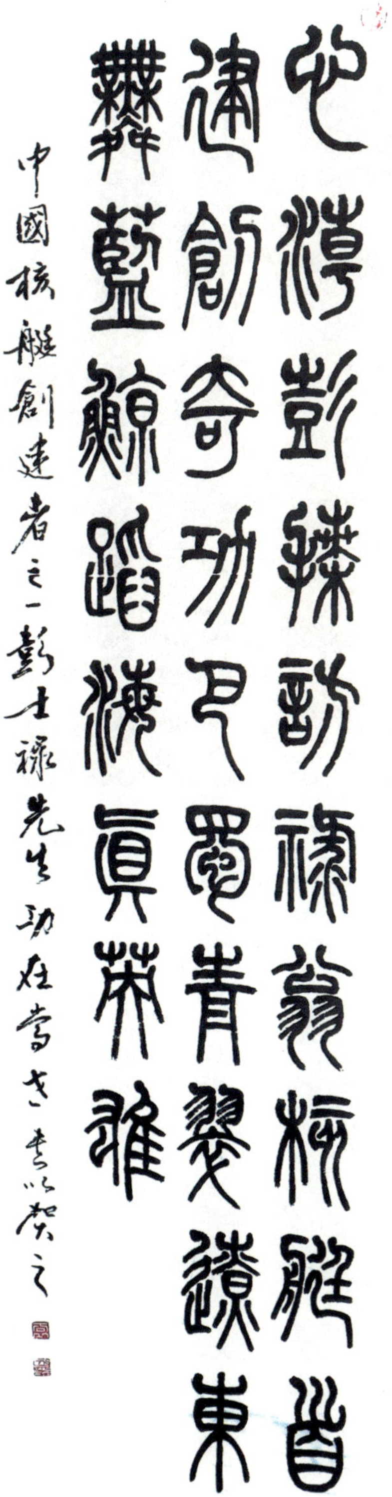

为了继承和发扬彭士禄院士不断开拓创新、勇于攀登科技高峰的爱国主义精神，为了鼓励广大科技工作者为核动力创新进步多做贡献，中核集团设立了“彭士禄核动力创新奖”。

今天，中国核工业发展进入新时代，新一代核工业人将不忘初心、牢记使命，在核动力技术领域攻坚克难，不负韶华，勇攀高峰，在核电市场奏响新篇章，为实现强国强核的宏伟目标，为早日实现中华民族伟大复兴的中国梦再立新功，再创辉煌！

第七章

继往开来 谱新篇

为了继承和发扬彭士禄院士不断开拓创新、勇于攀登科技高峰的爱国主义精神，为了鼓励广大科技工作者为核动力创新进步多做贡献，中核集团设立了“彭士禄核动力创新奖”。在 2017 年第一届“彭士禄核动力创新奖”评选中，中核集团共表彰了 7 名优秀个人。他们都是在核动力领域拓荒前行的排头兵，是新一代的核动力垦荒牛。

昔日，彭士禄的父亲彭湃以“愿消天下苍生苦”“千家兴、万家好”为精神依归，以为大多数人谋利益为终身理想，为了解放贫苦农民阶级，他坚决背弃自己的阶级，把自家的土地分给农民，将自己的财富无私地送给老百姓。

今日，彭士禄院士捐献巨额奖金，高风亮节。两代人的革命理想，一脉相承。

“彭士禄核动力创新突出贡献奖”奖牌

“彭士禄核动力创新青年人才奖”奖牌

中核集团党组书记、董事长余剑锋到医院探望彭士禄院士

中核集团党组书记、董事长余剑锋到医院探望彭士禄院士，向彭老汇报了中核集团主要工作，并细心询问了他的身体和生活情况。余剑锋董事长表示，彭老为我国核工业，特别是为我国核潜艇的诞生与发展做出了杰出贡献，核工业人将永远铭记。余剑锋对彭老向中核集团捐赠何梁何利科学与技术成就奖全部奖金之举表达了崇高敬意，并汇报了中核集团设立“彭士禄核动力创新奖”以及2017年首届奖励评选情况。

2018年八一建军节，也是中国第一艘核潜艇正式加入中国人民解放军海军战斗序列44周年纪念日，中国第一艘核潜艇的第一批老兵代表专程来到北京，探望了中国核潜艇第一任总设计师彭士禄。

他们带来了珍贵的友谊、亲切的问候和衷心的祝福！老战友相见，格外亲切，格外高兴！向为中国核潜艇事业默默奉献的老兵们致敬！

海军和工业部门的同志探望彭士禄院士

2018 年八一建军节，中国第一艘核潜艇的第一批老兵代表专程来到医院，探望了中国核潜艇第一任总设计师彭士禄院士

2019 年 4 月 23 日，在中国人民解放军海军成立 70 年之际，中核集团党组副书记、董事、总经理顾军专程探望了彭士禄院士，并送去“光荣之家”牌匾

2018 年 11 月 27 日，中核集团党组副书记、董事祖斌前往医院探望彭士禄院士

彭士禄淡看荣誉

彭士禄一生获得过无数荣誉，主要有：1978年，获“全国科学大会奖”；1983年，作为第一完成人，凭借“陆上模式堆总体设计”获得“国防科技进步奖”一等奖；1985年，作为第一完成人，凭借“我国第一代核潜艇的研究设计”获“国家科学技术进步奖”特等奖；1988年，获“为国防科技事业做出突出贡献”荣誉奖；1996年，获何梁何利基金“科学与技术进步奖”；2017年，获何梁何利基金“科学与技术成就奖”……彭士禄获得的这些荣誉不仅是对其一生奉献和成就的充分肯定，也是对我国核工业发展的充分肯定，对新形势下推动核工业发展具有重要意义。

尽管拥有如此多的光环，彭士禄却从来没觉得自己劳苦功高。晚年的彭士禄看上去就是个普通而慈祥的老人。在北京生病住院期间，每次女儿探望他临走时，他都会用英文跟女儿说“See you tomorrow”，然后给女儿送上一个大大的飞吻，逗得大家哈哈大笑。

这位慈祥的老人，敢于担当，敢于决策，使国之重器第一代核潜艇提前2～3年下水，促进大亚湾、秦山等核电基地不断壮大。

从中国核潜艇核动力到秦山一期核电站、大亚湾核电站，再到秦山二期核电站，都留下了他辛勤的足迹与汗水。

彭士禄将核动力事业作为自己一生的事业，用实际行动为“两弹一星”精神和核工业精神提供了最佳范本，他依旧是我们这个大时代里青年人前进的领路人。

我们能享受和平与安稳，
正是有像彭老这样的“赫赫无名”的奉献者，
他们在祖国贫弱的年代，
创造出了荫护万代的财富，
用自己坚挺的脊梁，
给了整个民族以力量！

今天，中国核工业发展进入新时代，在彭士禄等核工业前辈们精神的鼓舞下，新一代核工业人将不忘初心、牢记使命，在核动力技术领域攻坚克难，不负韶华，勇攀高峰，在核电市场奏响新篇章，为实现强国强核的宏伟目标，为早日实现中华民族伟大复兴的中国梦再立新功，再创辉煌！

中核才俊硕士生、博士生毕业合影

今天，中国真正成为世界核大国的一员。拥有完全自主知识产权的第三代核电“华龙一号”横空出世，作为我国“走出去”的名片之一，开启了我国核电技术的新时代。回首中国核电发展40多载，从秦山一期的首次建设，到大亚湾核电站的引进国外技术，从秦山二期自主知识产权的核岛设计能力，再到如今自主创新的国家新名片“华龙一号”，中国核电成长之路曲折而坚定，彭士禄这位核电垦荒牛的步履始终伴随左右。

哈萨克斯坦当地时间2017年6月8日，中国国家主席习近平和哈

当地时间2017年6月8日，中国国家主席习近平和哈萨克斯坦总统纳扎尔巴耶夫对阿斯塔纳世博会中国馆进行巡馆（《中国核工业报》2017年6月14日头版头条）

萨克斯坦总统纳扎尔巴耶夫对阿斯塔纳世博会中国馆进行巡馆。

在“华龙一号”模型前，时任中核集团董事长王寿君向习近平总书记和纳扎尔巴耶夫总统介绍了“华龙一号”技术特点和全球首堆示范工程成功提前15天吊装穹顶的情况。习近平主席对纳扎尔巴耶夫总统介绍说，“华龙一号”是中国完全自主知识产权的第三代核电技术。

巴基斯坦当地时间2021年5月20日1时15分，“华龙一号”海外首堆工程——巴基斯坦卡拉奇核电2号（K-2）机组完成100小时连续稳定运行验收，各项性能指标达标，经过69个月建设，目前建造、安装、调试各项工作圆满完成，正式进入商业运行。这标志着中国自主三代核电“走出去”第一站顺利建成，创造了国际最佳建设业绩，中国核电实现从“跟跑”到“并跑”。这也是中巴建交70周年之际，核能合作的硕果。

“华龙一号”海外首堆建成并投入商业运行

“华龙一号”海外示范工程——卡拉奇核电 2 号、3 号（K-2、K-3）机组的顺利建设意义重大：它是我国核工业实现科技自立自强的重大创新成果；它是构建我国核工业国内国际双循环新发展格局的重大进展；它是中巴两国巩固深化全天候战略合作伙伴关系的重要成果；它是中巴两国核科技工作者推动构建人类命运共同体和推动“一带一路”倡议走深走实的坚实行动。

2021 年 1 月 30 日，中国自主三代核电技术“华龙一号”全球首堆——中核集团福清核电 5 号机组正式投入商业运行

2021年1月30日，中国自主三代核电技术“华龙一号”全球首堆——中核集团福清核电5号机组正式投入商业运行。此举标志着中国打破了国外核电技术垄断，正式进入核电技术先进国家行列，对中国实现由核电大国向核电强国的跨越具有重要意义，中国核电领跑世界指日可待。

2019年4月23日，正在接受检阅的中国某新型核潜艇（李唐摄影）

2019年4月23日，一场盛大的海上阅兵活动在青岛举行。中共中央总书记、国家主席、中央军委主席习近平出席庆祝中国人民解放军海军成立70周年海上阅兵活动。中国海军的某新型核潜艇等接受检阅。

今天，中国已经拥有了包括攻击型核潜艇和弹道导弹核潜艇的可靠核力量。中国核潜艇创造过水下续航的世界纪录。中国海军在建设一支强悍的水面舰艇编队的同时，也在极力组建一支既神秘又能够对对手造成强大战略核威慑的核潜艇编队，这种力量，不仅是中国的和平之盾，也是维护世界和平与发展之盾！因而，中国核潜艇的训练水平较高。中国海军的核潜艇基地，拥有中国最强大的核潜艇编队。而当年彭士禄带领的团队对核动力问题的解决，是核潜艇能够挺进深蓝的最重要保障。核潜艇动力的光辉研制历程，是我们呼吸着和平空气的每一个中国人都应当永远记住的。

习近平总书记在党的十九大报告中提出“不忘初心、牢记使命”。今天的中国共产党人把人民对美好生活的向往作为奋斗目标，体现了对初心的守护和对使命的担当，也彰显了坚定的中国自信。中国共产党人在习近平新时代中国特色社会主义思想的指引下，高举中国特色社会主义伟大旗帜，以永不懈怠的精神状态和一往无前的奋斗姿态，披荆斩棘，砥砺前行，带领人民攻坚克难，勇往直前，为决胜全面建成小康社会，夺取新时代中国特色社会主义伟大胜利，为实现中华民族伟大复兴的中国梦而不懈奋斗。

今天，中国已经拥有了可靠的核力量

中共中央宣传部关于追授彭士禄同志“时代楷模”称号的决定

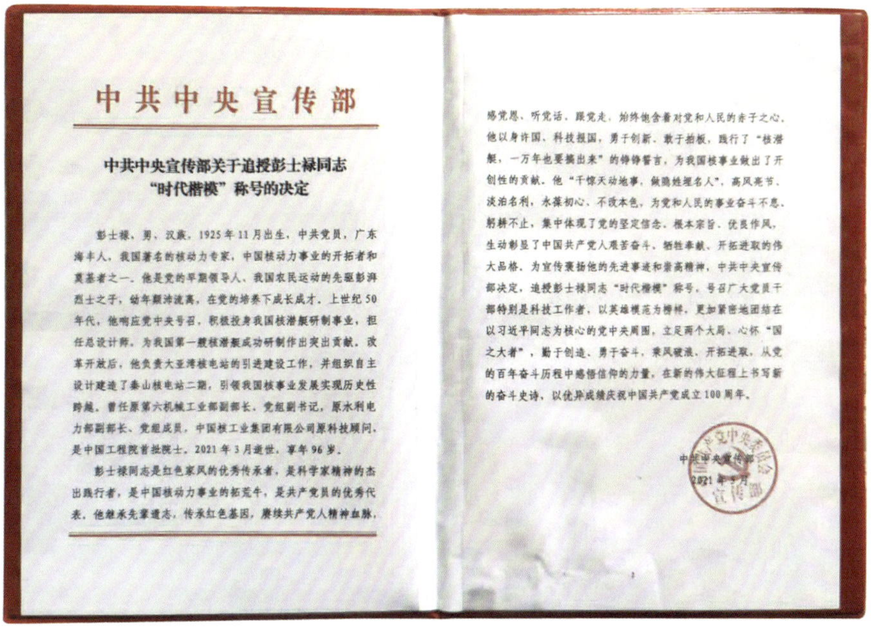

中共中央宣传部

中共中央宣传部关于追授彭士禄同志
“时代楷模”称号的决定

彭士禄，男，汉族，1925年11月出生，中共党员，广东海丰人，我国著名的核动力专家，中国核动力事业的开拓者和奠基者之一。他是党的早期领导人、我国农民运动的先驱彭湃烈士之子，幼年颠沛流离，在党的培养下成长成才。上世纪50年代，他响应党中央号召，积极投身我国核潜艇研制事业，担任总设计师，为我国第一艘核潜艇成功研制作出突出贡献。改革开放后，他负责大亚湾核电站的引进建设工作，并组织自主设计建造了秦山核电站二期，引领我国核事业发展实现历史性跨越。曾任原第六机械工业部副部长、党组副书记，原水利电力部副部长、党组成员，中国核工业集团有限公司原科技顾问，是中国工程院首批院士。2021年3月逝世，享年96岁。

彭士禄同志是红色家风的优秀传承者，是科学家精神的杰出践行者，是中国核动力事业的拓荒牛，是共产党员的优秀代表。他继承先辈遗志，传承红色基因，赓续共产党人精神血脉，感党恩、听党话、跟党走，始终饱含着对党和人民的赤子之心。他以身许国、科技报国，勇于创新、敢于拍板，践行了“核潜艇，一万年也要搞出来”的铮铮誓言，为我国核事业做出了开创性的贡献。他“干惊天动地事，做隐姓埋名人”，高风亮节、淡泊名利，永葆初心、不改本色，为党和人民的事业奋斗不息，躬耕不止，集中体现了党的坚定信念、根本宗旨、优良作风，生动彰显了中国共产党人艰苦奋斗、牺牲奉献、开拓进取的伟大品格。为宣传褒扬他的先进事迹和崇高精神，中共中央宣传部决定，追授彭士禄同志“时代楷模”称号。号召广大党员干部特别是科技工作者，以英雄模范为榜样，更加紧密地团结在以习近平同志为核心的党中央周围，立足两个大局，心怀“国之大者”，勤于创造、勇于奋斗，乘风破浪、开拓进取，从党的百年奋斗历程中感悟信仰的力量，在新的伟大征程上书写新的奋斗史诗，以优异成绩庆祝中国共产党成立100周年。

中共中央宣传部

2021年5月

中共中央宣传部关于追授彭士禄同志“时代楷模”称号的决定

“时代楷模”荣誉证书

“时代楷模”荣誉胸章

彭士禄经典格言

1. 我一辈子只做了两件事：一是造核潜艇，二是建核电站。

2. 干对了，功劳和成绩是大家的；错了，我负责！

3. 我愿做一头垦荒牛。

4. 在工作上要以科学为依据，用数据来说话！

5. 工作上什么事都不干怎么行？我干了 100 件事，错了 5 件，我还有 95% 的成功率，最终干成了 95 件；而你不干就一件也没有。

6. 干事业就要有点冒险精神，只要三七开，有百分之七十的把握就可以干，不然等什么条件都齐备、没困难、没问题了还要你去干什么？不干怎么能冲破旧的，创造新的？

7. 不可能事事都等到有十分把握再干，在科学上不冒一点风险将一事无成。

8. 如果你总工程师都不敢担风险，那还要你这个老总干什么呢？吃饱了饭晾一边去吧！

9. 只要是为了人民，为了工作，我就问心无愧！

10. 不怕别人怎么说，在别人的议论中走自己认为正确的路。

彭士禄年表

◆ 1925年，出生

11月18日，出生于广东省海丰县，取名彭赤湿。

◆ 1928年，3岁

春，海陆丰苏维埃政权失败后，为躲避敌人追捕，跟奶妈王婵逃难。

9月21日，母亲牺牲。母亲蔡素屏（1897年2月8日—1928年9月21日），彭湃的妻子，1926年加入中国共产党，随彭湃发动和组织海陆丰农民运动，任海丰县妇女解放协会主任。在执行任务时被敌人逮捕，在海丰英勇就义。牺牲时年仅31岁。

◆ 1929年，4岁

在海丰住大伯母家，帮她家看家、喂鸡。

8月24日，父亲被捕。父亲彭湃（1896年10月22日—1929年8月30日），又名彭汉育，中国农民运动领袖，1921年参加社会主义青年团，1924年加入中国共产党，1927年创建了海陆丰苏维埃政权和东江革命根据地。被捕后转押到上海龙华警备司令部。

8月30日下午，父亲彭湃被国民党反动派秘密枪杀，英勇就义，年仅33岁。彭湃牺牲时任中共中央政治局委员、中共中央农委书记、中央军委委员兼中共江苏省军委书记。

◆ 1930 年，5 岁

春，被七婶杨华从海丰接到澳门，与七婶一家、祖母周凤（1871—1973 年）一起生活。彭湃的母亲周凤，支持彭湃和海陆丰农民革命运动，她的 3 个儿子、2 个儿媳和 1 个孙子，共 6 人都是革命烈士，1973 年 3 月 12 日逝世，享年 103 岁，被毛主席称为“革命母亲”。

为躲避敌人的追捕，也为了以后能够免费读书（上教会学校），彭士禄加入了天主教，成为一名天主教徒，名字由彭赤湿改为彭保禄。

◆ 1931 年，6 岁

到香港，住在五叔家，帮做许多家务，带小弟弟、做饭、洗衣、扫地、洗痰盂等。

夏，被中共地下党组织找到，由其七叔彭述送至潮安，拟打算有机会再送到中央苏区瑞金。彭述（1903 年 7 月 18 日—1933 年秋），彭湃胞弟，排行第七，1933 年被国民党反动政府秘密杀害，牺牲时年仅 31 岁。

在潮安，先后在几十户革命群众家里寄养。最后，被送到红军游击队队长陈永俊家，由其母亲潘舜贞抚养近一年。

◆ 1933 年，8 岁

9 月 4 日（农历七月十五日），与潘舜贞一起被捕，先被关押在潮安县监狱，后被押送到汕头石炮台监狱。

被国民党反动派列为“小政治犯”，国民党当局为之照相，在广州《民国日报》上刊登大幅照片，在照片醒目位置标注“‘共匪’彭湃之子被我第九师捕获”等字样。

◆ 1934 年，9 岁

与一批红小鬼及红军家属被转送到广州感化院。

◆ 1935年，10岁

夏，被释放，回到潮安当了乞丐，后寄居于穷苦百姓家里。

◆ 1936年，11岁

夏，再次被捕，被押送到潮安监狱。

几天后，被祖母周凤营救出狱，带回香港，先由祖母和七婶抚养，后在香港和澳门的彭泽民、连贯、柯麟等几家住过。

◆ 1937年，12岁

9月，就读于圣约瑟书院，共读两年小学。

◆ 1939年，14岁

暑假，由于祖母周凤回海丰，暂居于彭泽民家。其间，与堂弟彭科一起逃离香港，到广东惠州寻找东江纵队。

7月，在惠州加入东江纵队，成为一名游击战士，站岗放哨。

◆ 1940年，15岁

1月，被香港中共地下党组织找到，因身体虚弱又患疟疾，被送回香港治病，住在连贯家里。

3月，病愈后，在香港九龙南方书院学习，读五年级。

暑假，到澳门柯麟家休养、调理。

8月，赶回香港连贯家，和新加坡一批华侨青年一起奔赴延安，由彭光涵带队。连贯将彭保禄改名为彭士禄，并让其认彭光涵为大哥。

8月，从香港经贵阳到桂林第十八集团军办事处，在附近乡下一个小学学习，等待去延安的机会。

秋，由贺怡（贺子珍妹妹，曾任中共江西省委组织部部长）和周恩来派来的副官龙飞虎带队，与其他一些烈士子弟和干部子女一起离开桂林，到达重庆。在重庆八路军办事处，第一次见到了周恩来、邓颖超。

年底，到达延安。

◆ **1941年，16岁**

年初，就读于延安泽东青年干部学校少年班，后到延安中学学习。

4—5月，转入延安大学中学部（陕北公学、中国女子大学、泽东青年干部学校合并为延安大学），读初中一年级，开始学习代数、语文、政治等课程。

◆ **1942年，17岁**

3月，延安中央医院从延安中学调一批学生当护士，自愿报名，成为一名护士。之后，被评为模范护士。

◆ **1943年，18岁**

9月，因患肺结核，常咳嗽吐血。入医院治愈后，中央组织部将其调离医院，继续在延安大学中学部学习，在二班四组任组长，该组被评为模范组，事迹曾刊登于延安《解放日报》。

◆ **1944年，19岁**

春，就读于延安大学自然科学院（由原延安自然科学院并入延安大学）化工系。

◆ **1945年，20岁**

春，被评为模范学生。

8月1日，加入中国共产党，破例免去预备期，后任党支部书记。

12月，在晋察冀边区工业专门学院化工班学习。

◆ 1946年，21岁

8 月，到宣化炼焦厂工作，任技术员。

10 月，奉命把宣化炼焦厂的设备迁到阜平，在那里建立炼焦厂。后在河北平山化工厂工作，任技术员。后到河北阜平军工厂工作，任技术员。

◆ 1947年，22岁

11 月，在石家庄炼焦厂工作，任技术员。

◆ 1948年，23岁

秋，接到中央组织部调令，到西柏坡报到后，跟随贺怡经大连、沈阳到哈尔滨，准备去苏联留学，因为误机，错过了一次赴苏联留学的机会。

到哈尔滨工业大学学习，读预科班。

◆ 1949年，24岁

春，被贺怡招至沈阳组织部，与贺怡、贺子珍共同生活一段时间。

9 月，在大连大学工学院应用化学系学习化工机械专业。

◆ 1950年，25岁

7 月，在大连工学院化工系学习。1950 年 7 月，大连大学建制撤销，大连大学工学院独立为大连工学院。

◆ 1951年，26岁

7 月，进京参加留学苏联考试，成绩优异并入选。出国前，在中南海怀仁堂与其他留学生一起被周恩来总理接见。

8 月，在苏联喀山化工学院化工机械系学习，任中国驻喀山留苏学生党支部书记。

◆ 1955 年，30 岁

9 月，转到莫斯科化工机械学院学习。

◆ 1956 年，31 岁

7 月，毕业于莫斯科化工机械学院，成绩全优，获“优秀化工机械工程师”证书。时值陈赓将军访苏，要挑选少数留学生攻读核动力专业，再次被选中。

9 月，在莫斯科动力学院进修原子能核动力专业 2 年。

◆ 1958 年，33 岁

5 月，回国，被分配到北京原子能研究所工作，技术六级工程师，并任俄语翻译。

6 月 13 日，在北京与留苏同学马淑英结婚。马淑英（1935 年 1 月—2011 年 10 月），1935 年 1 月生于辽宁省营口市。1953 年赴苏联留学时与彭士禄同在喀山化工学院学习，1955 年转至莫斯科门捷列夫化工学院，1958 年以全优成绩毕业，获“优秀化工工艺工程师”证书。回国后，先在北京化工学院任教，后来被调去从事核潜艇有关技术研究工作，任研究室主任、高级工程师。曾与他人一起获国家科技情报成果一等奖，个人曾获部级科技进步三等奖和优秀科技情报成果奖等。

◆ 1960 年，35 岁

在原子能研究所十二室五大组从事核潜艇核动力堆的研究设计。

◆ 1961 年，36 岁

2 月，由原子能研究所十二室五大组调至十局，只保留少数人马组成设计组，任副组长。赵仁恺任组长，接受原子能研究所和十局的双重领导。

年底，受郭沫若聘请在中国科技大学讲授“反应堆”“热工水力”等课程。

◆ 1962年，37岁

2月，核潜艇项目下马，只保留一个50多人的核动力研究室，建制划归国防科工委七院。带领核动力研究室全体设计人员归入七院，并负责全面工作，和几位留苏的同事一起当老师，给研究室新来的大学生们开设反应堆物理等5门专业课。

2月，被任命为北京原子能研究所核动力研究室（47-1室）副主任。

11月7日，参加中国科技大学近代物理系兼职教员座谈会，就原子核工程专业课程设置提出意见。

11月23日，被时任中国科学院院长郭沫若聘请为中国科学院原子能研究所学术委员会委员。

◆ 1963年，38岁

1月18日，被正式聘任为中国科技大学近代物理系副教授。

4月，任国防科工委第七研究院（中国舰船研究院）十五所副总工程师。

8月，中央专委下文，批准七院核潜艇研究室与二机部核动力反应堆设计室合二为一，组建成立核潜艇动力工程研究所，任副所长。

8月15日，被时任所长的钱三强聘请为原子能研究所反应堆研究部学术委员会委员。

著《反应堆热工水力计算》，作为中国科技大学讲义。

◆ 1964年，39岁

1月18日，被任命为舰船动力研究所副总工程师，授予技术中校军衔。

◆ **1965 年，40 岁**

夏，赴西南某地，参与筹建我国第一座潜艇核动力装置陆上模式堆试验基地。

6 月，核潜艇动力工程研究所转并到二机部第二设计院二部，任副总工程师。

◆ **1966 年，41 岁**

2 月，组建陆上模式堆动力装置工程设计组。

◆ **1967 年，42 岁**

6 月，到西南某基地，任核潜艇陆上模式堆基地副总工程师。

8 月 30 日，中央军委向所有参加核潜艇工程的单位和工作人员发出“特别公函”。

◆ **1968 年，43 岁**

7 月 18 日，由于受影响，核潜艇陆上模式堆工程建设进度严重拖后，中央军委主席毛泽东发出“7·18”批示。

◆ **1969 年，44 岁**

3 月，核潜艇陆上模式堆主厂房落成，随安装队伍进入主厂房，现场指挥工作。

夏，拍板确定核潜艇动力系统主泵设计。

◆ **1970 年，45 岁**

6 月 28 日凌晨 2 点，核潜艇陆上模式堆核动力装置首次冷态临界。

7 月 15—16 日，在人民大会堂福建厅向周恩来、聂荣臻、叶剑英等中央专委作核潜艇研制工作专题汇报。

7 月 18 日，主持 1:1 核潜艇陆上模式堆启动试验。

7 月 30 日，反应堆主机达到满功率指标，试验取得了圆满成功。

8 月 30 日 18 点 30 分，我国第一座核潜艇陆上模式堆动力装置提升至满功率。

12 月 26 日，我国第一艘核潜艇在造船厂顺利下水。

◆ 1971 年，46 岁

6 月，任核潜艇总体设计研究所副所长兼副总工程师，任期至 1973 年 5 月。

◆ 1972 年，47 岁

被邀请到上海参加“728 工程”（秦山一期核电工程）讨论会，讨论中国未来核电站堆型的选择，对最终由熔盐堆改为压水堆起到重要作用。

◆ 1973 年，48 岁

4 月，任国防科工委第七研究院（中国舰船研究院）副院长。其间，指导和协调解决了核潜艇研制、生产中的许多重大技术问题，包括后续艇的研制、生产。

◆ 1974 年，49 岁

3 月，参加向周总理汇报压水堆方案会议。

8 月 1 日，参加核潜艇交接仪式，首制艇被中央军委命名为“长征一号”，正式列入海军战斗系列。

◆ 1975 年，50 岁

1 月，作为第四届全国人民代表大会代表出席中华人民共和国第四届全国人民代表大会第一次会议。

年初，生病，胃穿孔，胃切除四分之三。

◆ **1977 年，52 岁**

8 月，当选中国共产党第十一次全国代表大会代表。

◆ **1978 年，53 岁**

3 月，出席全国科学大会，因核潜艇的设计研制成功获全国科学大会奖。

◆ **1979 年，54 岁**

6 月，任中华人民共和国第六机械工业部副部长、总工程师。

由国防科委、国务院国防工业办公室联合任命为中国核潜艇第一任总设计师。在担任第一任总设计师期间，主持中国核潜艇核动力装置的论证、设计、试验，以及运行的全过程。

◆ **1980 年，55 岁**

参与筹建中国核学会，任第一届理事，第二、三届副理事长。

任中国核能动力分会会刊《核动力工程》主编。

◆ **1981 年，56 岁**

筹建中国核能动力分会，任第一届理事长。

◆ **1982 年，57 岁**

9 月，出席中国共产党第十二次全国代表大会并当选中国共产党第十二届中央委员会候补委员。

11 月，题词祝贺《造船技术》出版十周年。

◆ **1983 年，58 岁**

2 月，广东核电站建设指挥部成立。

2 月，任中华人民共和国水利电力部副部长、总工程师、中共广东省委常委、广东核电站建设总指挥，兼任国防科工委核潜艇技术顾问。

3 月，带领参加过核潜艇工程的 10 名技术骨干来到广东，开始广东核电站建设工作。

3 月 14 日，和李鹏副总理率领的中国核电代表团在香港进行中英会谈的预备性会谈。

3 月 22 日，参加李鹏副总理率领的中国核电代表团与由英国工业部次官孟思先生率领的代表团，在北京就广东与香港合营广东核电站问题进行会谈。

5 月，率团访问法国电力公司（EDF）和 FRA 公司，为日后选定广东核电顾问公司做准备。

8 月 15 日，提出核电站建设时间价值观念，撰写《关于广东核电站经济效益的汇报提纲》，计算核电站的主参数及经济效益。

9 月，国务院成立国务院核电领导小组，为领导小组成员之一，李鹏副总理担任组长。

11 月 21 日，向国务院核电领导小组提交《关于广东核电合营公司成立前需要解决的若干问题的请示报告》。

◆ 1984 年，59 岁

1 月 29 日，在深圳参加“深圳技术经济与管理现代化研讨会”，向公众介绍广东核电站。

4 月 11 日—17 日，中国核学会第二次全国代表大会在北京举行。会议期间被选为中国核学会第二届理事会副理事长。

4 月 16 日，核能动力学会正式成立，被聘任为理事长。

5 月，成立中共广东核电站合营公司临时委员会，任党委书记。

6 月 19 日，出席由李鹏副总理主持的核电领导小组会议，研究广东核电站合营合同问题，汇报香港煤电电价和广东核电电价的预测情况。

11 月 1 日，随李鹏副总理接见法、英外交大使。法国大使和英国大使向李鹏副总理递交两国政府共同拟定的关于广东核电站的备忘录。

12 月 31 日，参加由李鹏副总理在深圳市迎宾馆主持召开的国务院核电领导小组扩大会议。

◆ 1985 年，60 岁

因“我国第一代核潜艇的研究设计”获“国家科学技术进步奖”特等奖，为第一主要完成人。

1 月，出席在人民大会堂召开的广东核电合营有限公司合营合同在京签字仪式。

2 月，调离广东核电合营有限公司。

4 月 22 日—28 日，中国核学会核能动力学会第一次年会在无锡召开，作为理事长主持大会，并作题为《关于我国核能近期发展情况》的报告。

6 月 30 日，在《核动力工程》1985 年第 3 期发表《核能在我国能源中的地位》一文。

10 月，在《工业设备与原料》1985 年第 4 期发表《我国核能的展望》一文。

11 月 30 日，在北京参加核能动力学会第七次常务理事会扩大会议。

◆ 1986 年，61 岁

4 月，被调到核工业部任总工程师、科技委第二主任（副部长级），负责秦山二期的筹建工作。

5 月 19 日，陪同李鹏副总理视察广东核电站施工现场。

9 月 8 日—12 日，在上海参加第二届核能动力学会学术年会，代表核能动力学会作年度工作报告。

◆ 1987 年，62 岁

1 月 26 日，参加李鹏副总理主持召开的大亚湾核电站工程审查会，研究审查大亚湾核电站工程设计问题。

7 月 28 日—30 日，在北戴河参加核能动力学会常务理事扩大会议。

8 月 7 日，参加大亚湾核电站主体工程开工典礼。8 日，与核工业部部长蒋心雄等听取合营公司工作汇报。

9 月，撰写论文《中国核电发展的现状与展望》（英文），发表于第六届太平洋沿岸地区核能会议论文集。

10 月，当选为中国共产党第十三届代表大会代表。

12 月 4 日—5 日，在浙江省海盐县秦山二期工程筹资会上被任命为秦山二期工程董事会董事长。

12 月 8 日，向核工业部蒋心雄部长等领导提交《关于秦山二期工程筹资问题》的报告，被英国 1987 年出版的 *Who's Who* 收录。

◆ 1988 年，63 岁

1 月，核电秦山联营有限公司董事会成立，任董事长，至 1992 年 9 月。其间，积极推行董事会制度，首次把招投标机制引入核电工程建设。

9 月，中国核工业总公司成立，任科技顾问。

10 月 16 日，获国防科工委为表彰各兵种优秀总设计师颁发的“为国防科技事业做出突出贡献”荣誉奖。

11 月 1 日—6 日，在深圳参加中国核学会核能动力学会第三届年会。

◆ 1989 年，64 岁

1 月 2 日，撰写论文《中国核能的现状和展望》，发表于《核科学与工程》1989 年第 1 期。

3 月 2 日，撰写论文《为促进我国核电事业的发展而努力》，发表于《核动力工程》1989 年第 1 期 。

8 月，进行 60 万千瓦压水堆核电站的主参数计算和投资估算，提出同等因子概念与汇率风险的关系。

8 月 8 日，参加国务委员、核电领导小组组长邹家华主持召开的办公会议，听取广东核电合营有限公司董事长王全国关于大亚湾核电站建设情况和发展核电的几点建议的汇报，并研究发展核电的有关政策和技术路线问题。

8 月，参加中国核学会核能动力学会第二次工作会议，被选为第二届理事会理事长。

9 月，给李鹏总理写信，提出“以我为主，中外合作”，及自主设计、建造 2 台 60 万千瓦机组的方案。

◆ 1990 年，65 岁

3 月 2 日，在《核动力工程》1990 年第 1 期上发表《纪念〈核动力工程〉创刊十周年》一文。

4 月 14 日，陪同李鹏总理及夫人朱琳、国务委员邹家华、国务院副秘书长何椿霖等一行视察秦山核电二期工程建设工地。

7 月 10 日—19 日，率代表团对日本核电进行考察访问。

7 月 26 日，向蒋心雄总经理及总公司党组提交《中国核工业总公司核电代表团访日考察报告》。

12 月 5 日—9 日，中国核学会第三届理事会第一次会议召开，与王大中、吕敏、周平、黄齐陶一起被选举为副理事长。

◆ 1992 年，67 岁

6 月，任中国核工业总公司科技顾问。

11 月，在北京京西宾馆参加秦山核电二期工程初步设计审查会。

12 月 18 日，中国核学会核能动力学会在华能公司召开扩大常务理事会，作为理事长和潘燕生副理事长共同主持会议，就当时的核电形势作了较详细的发言，并着重介绍了发展 AP-600 型核电站的前景。

◆ 1993 年，68 岁

3 月，当选第八届全国人民代表大会常务委员会委员以及第八届全国人大环境与资源保护委员会委员。

5 月 1 日，论文《2×600MW 压水堆核电厂的上网电价计算与分析》发表于《核动力工程》1993 年第 2 期。

◆ 1994年，69岁

5月，当选为中国工程院首批院士。

7月，出席大亚湾核电站建成投产新闻发布会和招待会。

◆ 1995年，70岁

2月，著《核能工业经济分析与评价基础》一书，由原子能出版社出版。

5月，被聘请为北京理工大学第一届董事会副董事长，任期四年。

◆ 1996年，71岁

10月17日，获何梁何利基金“科学与技术进步奖”。

12月15日，与陈书云合写《我国沿海地区急需加快发展核电》，发表于《核经济研究》1996年第6期。

◆ 1997年，72岁

8月28日，论文《核能是能源可持续发展的希望》发表于《世界科技研究与发展》1997年第4期。

11月，论文《中国“巨鲸”人民智慧的结晶》发表于《现代舰船》1997第11期。

◆ 1998年，73岁

1月17日，与陈书云合写《核能——高科技产业的前景（上）》发表于《科学与科学技术管理》1998年第1期。

2月17日，与陈书云合写《核能——高科技产业的前景（下）》发表于《科学与科学技术管理》1998年第2期。

3月17日，在喀山化工学院及莫斯科化工机械学院学历被认定为等同于硕士学位。

12月15日，被中国广东核电集团科技委聘为高级顾问委员。

◆ **1999年，74岁**

7月，中国核工业总公司因业务分工，分别成立中国核工业集团公司、中国核工业建设集团公司，任中国核工业集团公司顾问。

到核潜艇某基地指导工作，与工作人员共同解决了十多个第一代核潜艇的遗留问题和改装问题。

到秦山二期工程考察工程质量和进度问题。

◆ **2000年，75岁**

4月，出席第五次全国核学会会员代表大会，与汪德熙一起被选为荣誉理事长。

6月，赴西南某地参观原陆上模式堆基地。

9月，参观原子能研究院，了解快堆建设进展情况及空间堆的试验情况。

10月，参加并主持核潜艇应急注射系统、排污系统、补给水系统的改进工作，确定改进方案。

11月，参加核废元件运输方案讨论会，确定运输方案。

◆ **2002年，77岁**

6月25日—28日，中国核学会核能动力学会理事会换届暨学术交流年会在广西南宁市召开，作为第三届理事会理事长主持了换届大会，并在大会上被授予名誉理事长，参加随后召开的第四届理事会第一次代表会议。

◆ **2005年，80岁**

11月18日，在钓鱼台国宾馆10号楼的一层大会议室内，召开了庆祝其从事科技工作48年暨80寿辰座谈会，解放军总装备部、国防科工委、中国工程院、海军司令部及中核集团公司、中核建设集团公司、中广核集团公司、中国船舶重工集团公司等单位的代表40余人参加座谈。中国工程院院长徐匡迪写来贺信。

11月，被授予中国工程院资深院士。

◆ 2006 年，81 岁

4 月 28 日，出席秦山核电二期 3、4 号机组扩建开工庆祝活动。

12 月 18 日，受云浮市政府邀请与中广核集团原党委书记安清明顾问一起到云浮考察。赴郁南、云安候选厂址踏勘，对该市两个候选厂址各方面条件予以肯定，并对云浮核电项目建设提出了建议。

◆ 2008 年，83 岁

5 月 18 日，为赵国玺画卷题字“中国核动力之源”。

8 月 13 日，到三门核电站现场考察工作。

◆ 2009 年，84 岁

3 月，到海南昌江考察核电厂址。

◆ 2010 年，85 岁

7 月 25 日，参加在丰顺县八乡山镇滩下庄屋坪举行的中国工农红军第十一军成立 80 周年纪念活动。

◆ 2011 年，86 岁

9 月 7 日，中国网对其进行采访，并制作《彭士禄院士与中国核事业》访谈录。

10 月，中国工程院院士传记、老科学家学术成长资料采集工程丛书——彭士禄学术成长资料采集工程项目启动。

◆ 2012 年，87 岁

3 月，为国防科工委《军工记忆》录制视频。采访组负责人袁和平赋诗一首。

4 月 12 日，叶剑英元帅诞辰 115 周年，赴梅州缅怀叶帅。

8 月，因病，在北京住院。

10 月，在医院接受“中国工程院院士传记、老科学家学术成长资料采集工程丛书——彭士禄学术成长资料采集工程”小组采访。

◆ 2013 年，88 岁

12 月，“中国工程院院士传记、老科学家学术成长资料采集工程丛书”《核动力道路上的垦荒牛——彭士禄传》由上海交通大学、中国科学技术出版社出版。

◆ 2015 年，90 岁

9 月 3 日，荣获中共中央、国务院、中央军委颁发的“中国人民抗日战争胜利 70 周年纪念章”。

11 月 18 日，迎来 90 寿辰。

◆ 2017 年，92 岁

8 月 29 日，荣获 2017 年度何梁何利基金最高奖：科学与技术成就奖。

◆ 2019 年，94 岁

7 月 30 日 21 点 18 分，北京电视台《档案》倾情讲述《万年太久只争朝夕——中国第一艘核潜艇全揭秘（总设计师彭士禄的故事）》。

◆ 2021 年，96 岁

3 月 22 日，在北京逝世。彭士禄生前嘱托丧事从简，骨灰海洒，洒向自己工作过多年的地方——辽宁省葫芦岛海域。

5 月 26 日，中共中央宣传部追授彭士禄同志“时代楷模”称号。

主要奖励和荣誉

1942 年在延安中央医院被评为**模范护士**

1945 年在延安大学自然科学院被评为**模范学生**

1978 年荣获**全国科学大会奖**

1983 年荣获**国防科技进步奖一等奖**

1985 年荣获**国家科学技术进步奖特等奖**

1988 年荣获**为国防科技事业做出突出贡献荣誉奖**

1994 年当选**中国工程院首批院士**

1996 年荣获**何梁何利基金科学与技术进步奖**

2005 年被授予**中国工程院资深院士**

2017 年荣获**何梁何利基金科学与技术成就奖**

2021 年被追授**时代楷模称号**

曾担任的主要职务

原子能所核动力研究室**副主任**

中国科技大学近代物理系**副教授**

核潜艇总体设计研究所**副总工程师、副所长**

核潜艇**首任总设计师**

中国舰船研究院**副院长**

第六机械工业部**副部长、总工程师**

中国船舶工业总公司**副总经理、总工程师**

水利电力部**副部长、总工程师**

中共广东省委常委

广东核电站建设指挥部**总指挥**

中国核工业部**总工程师、科技委第二主任**

核电秦山联营有限公司**第一任董事长**

海军核安全专家委员会**主任委员**

中国核工业集团公司**顾问**

中共第十一次、第十二次、第十三次全国代表大会**代表**

中共第十二届**中央候补委员**

第四届、第八届全国人民代表大会**代表**

第八届全国人民代表大会**常务委员会委员**

第八届全国人民代表大会环境与资源保护委员会**委员**

后 记

今年是中华人民共和国成立70周年，也是毛主席发出“核潜艇，一万年也要搞出来”伟大号召60周年。作为核工业战线的老兵，内心涌动着激情，我们很想，也有责任写点什么。中国核事业，特别是核潜艇事业、核电事业，涌现出了许许多多“干惊天动地事，做隐姓埋名人”的民族核事业英雄。他们是值得我们敬仰和学习的时代楷模，他们是中华民族核事业真正的脊梁。

彭士禄院士，本图传的主人公，一位集老革命、大科学家、高级领导干部于一身的传奇人物，就是中华民族真正的脊梁之一。他，血管里流淌着红色基因的鲜血，用毕生的实际行动完美地诠释了什么叫“不忘初心、牢记使命”。

经过多方搜集、梳理，几易其稿，终于完成了这部图传的艰苦编写。当我们用已经疲顿的手和有些昏花的双眼慢慢翻阅着渗透心血的厚厚稿件时，释然、欣慰、喜悦、激动、留恋、期盼……百感交集，我们再一次向彭士禄院士和他革命英烈的一家致敬！向为中国核潜艇事业、核电事业默默奉献的无名英雄们，向将要接过核潜艇事业、核电事业大旗的后来人致以崇高的敬礼！

本图传的编写出版，得到了中国核工业集团有限公司和广州新华出版发行集团股份有限公司领导们的关心、支持与帮助，在此表示衷心的感谢！

同时，感谢中共广东省委宣传部、中共广州市委宣传部、中国核动力研究设计院、中核（北京）传媒文化有限公司、秦山核电基地、中船重工集团有限公司、渤海造船厂集团有限公司、中国广核集团有限公司、上海核工程研究设计院、中共汕头市委、汕头市委党史研究室、中共广东海丰县委、海丰县政府，以及海丰彭湃烈士纪念馆等单位给予的关心与帮助。

感谢中核集团党群工作部主任罗长森同志、副主任朱向军同志在本图传编写过程中，进行了具体指导并提出了宝贵的意见与建议。

感谢各界领导、专家、同事和朋友为本图传提供十分珍贵的历史图片资料与文字资料，他们是：周秉德、赵国玺、彭伟豪、彭继超、谢东强、郭勇、郭天觉、李鹰翔、李丽、张戈、张金麟、张录、张学亮、张建设、杨连新、王勤捷、王新建、王爱侬、王连富、王陈陈、王天赐、罗晓梅、吴微、吴畏、符开潮、于洪福、许文彦、黄海燕、黄雄飞、阮志强、周容生、周永茂、周益年、周小勇、高倩、高贵翔、高炳炎、伍献军、丁锋、魏兰、郑庆云、陈小劲、陈善科、崇奕峥、宋其明、冯永强、唐林军、刘存飙、孟劲勇、夏玉亭、胡士康、胡明刚、郭作东、孙荣锦、杨学军、方诗经、方小玉、明绍芬、程伟、林炳溪、侯艺兵、马娜、蔡智森、车凤云、崔一兵……

我们要感谢的人太多了，很可能挂一漏万，说声抱歉！其他不能一一说出名字，但却给予本图传帮助的同志，在此一并致以深切的谢意！

为了这本图传能够高质量及时出版，广州新华出版发行集团常务副总经理杨斌同志和广州出版社董事长柳宗慧同志、常务副总编辑刘宗贵同志等，高度重视，亲力亲为，严格把关，扑下身子狠抓落实，并专门召开了编写出版宣传协调会。与会领导和作者专家学者、出版社编辑一起，倾心交流，研究问题，凝聚共识，力争编写出版宣传好红色文化精品，大力弘扬正能量，在新时代做出新贡献。

当我们翻阅倾注着所有编写者心血的书稿时，油然而生的是肩上的责任感和使命感。

回顾坎坷沧桑的泥径，采撷似玉若翠的心果，我们不可能全部述说历史，有形的东西或许会消失，但历史的刻痕无法从心灵上抹去。对彭士禄院士和他革命英烈一家的宣传，以及对中国核潜艇、核电站事业的宣传，远没有画上句号，这本图传仅仅是开了一个头。

对于时代赋予的机会和使命，我们企盼能有更多的人，用激情澎湃的奋斗精神追寻彭士禄院士和老一辈创业者的光辉足迹，这也是我们后来人不容推卸的责任。

彭士禄院士和他革命英烈的一家，以及核工业前辈们锐意进取创造的"两弹一星"精神和核工业精神，必将永远传承与延续，并激励新一代核工业人和全国人民迎难而上，奋勇前进，为新时代中国特色社会主义事业谱写新篇章。

本图传编写出版力求客观准确完整，囿于时间紧迫，难免有疏漏，甚至谬错，敬请各位读者指正，以便再版时补充更正完善。

在本图传的编写过程中，我们选用了多位作者的图片，并多方与作者进行联系，得到了他们的大力支持。在此，我们表示衷心的感谢！但是，仍然有部分作者因地址或姓名不详而无法取得联系。恳请这些作者尽快与我们联系，我们将会对有关事宜按照国家法律法规作出妥善处理，联系电话是 13693094111。

作者
2019 年 9 月